U0551683

陪你走過
高中三年

108課綱學長姐的高中破關全紀錄

Luckerly 拉課力—著

目錄

12	推薦序	進入高中階段不可或缺的秘笈寶典	高孟琳
14	推薦序	高中生須學會選擇與負責	陳勇延
16	推薦序	站在有光的地方	王榮春
19	出版序	破解高中各階段的任務與挑戰	胡書瑜

Get started······

感謝您購買《陪你走過高中三年：108 課綱學長姐的高中破關全紀錄》，接下來玩家們將化身為遊戲主角小拉，與圍繞在她身邊的好友一起度過高中三年的時光。您可以陪著小拉從青澀懵懂的小高一，經過種種磨練，共同克服難關，也可以直接在主選單（目錄）選擇有興趣的關卡遊玩。

Chapter 1 所以，什麼是上高中？

遊戲介紹

23 普通高中課程簡介
　／吳維臻

26 可以不用到學校上課的一群人！帶你一次搞懂什麼是自學
　／宜蓁

31 高中特殊班介紹：認識語資班、科學班
　／子宵，與建國中學科學班學生合作

35 七年一貫制不用考學測？五分鐘帶你認識七年一貫音樂系！
　／吳維臻，與國立臺南藝術大學音樂學系林承億同學合作

遊戲更新通知——新課綱介紹

39 快速認識學習歷程檔案！一次看懂制度和實用工具
　／子宵

Chapter 2　在高中卡關了怎麼辦？

關卡 1　讀書

48　高中讀書方法：數理化好難？自然組讀書技巧大公開！
　　／吳伊晴

54　社會組的高效學習法！校排 4% 學姐的讀書方法大公開
　　／吳維臻

61　現在想繁星還來得及嗎？醫學系學長不藏私的繁星讀書計畫！
　　／吳維臻，與國立成功大學醫學系陳如祐同學合作

關卡 2　學習歷程檔案

66　不會製作學習歷程？不知道如何下筆？八個製作學習歷程的共
　　同問題
　　／莊愛玲，與 47 雲端輔導室合作

70　請幫我做份學習歷程！ChatGPT 實測過程分享
　　／工常張 Shawn

79　教授會不會看我的學習歷程？大學教授現身說法告訴你
　　／Lucker 編輯，與 47 雲端輔導室合作

85　數學科課程學習成果的學習歷程怎麼做？讓得獎同學告訴你！
　　／陳彥廷、編輯／子甯

88　自然科「探究與實作」學習歷程如何呈現？第一屆108課綱學
　　生告訴你！
　　／莊愛玲

91　社會科「探究與實作」學習歷程如何呈現？四大架構、一心法
　　告訴你！
　　／吳伊晴

95　小論文學習歷程怎麼寫？五分鐘一次搞懂！
　　／吳維臻

100　營隊學習歷程怎麼做？全面性架構與範例分享，輕鬆搞定它！
　　／吳伊晴

104　學習歷程的一百字簡述怎麼寫？超實用三步驟作法與範例
　　／子甯

109　學習歷程做完後到上傳前的五步驟，帶你檢查自己的學習歷
　　程！
　　／子甯

Chapter 3　不只是學生，也是正在學習生活的青少年

關卡 3　找到自己

115　高中生如何知道自己的志向在哪裡？回顧你的過去找靈感！
　　／Amanda Chien

121　高二班群怎麼選？社會組真的不能選？學姐高中選班群經驗告訴你
　　／吳維臻

130　壓力很大怎麼辦？高中生的內心話：找到壓力，解決它！
　　／吳伊晴

關卡 4　課業之外的高中

136　高中生如何看待議題？以死刑存廢為例
　　／吳維臻

141　在十七歲那年看電影：高中生能看到的或許更多
　　／子甯

145　高中生與課外書：如何從閱讀到產出
　　／璨瑋

149　青春的悸動：高中的交友與戀愛

　　　／甄瑩

157　一篇文看懂高中社團！

　　　／璨瑋

161　在舞臺上謝幕了，然後呢？社團成發與學習歷程

　　　／芋泥

Chapter 4 面對高中的魔王關 ——考大學！

魔王關關卡介紹

169　一篇文看懂大學多元入學管道！

　　　／吳維臻

關卡 5 特殊選才

174　「偏科」生的福音？三分鐘帶你了解特殊選才條件與時程

　　　／莊愛玲

178　超吸睛的書審資料撰寫全攻略！成大特殊選才榜首經驗分享

　　　／莊愛玲

184 大學面試不再緊張！成大榜首不藏私分享上榜四心訣
　　／莊愛玲

關卡 6 學科能力測驗

191 高三才準備學測來得及嗎？學測複習計畫分享！
　　／吳維臻

199 考不好心情好差怎麼辦？模考後心態調整五步驟！
　　／吳維臻

203 學測英聽怎麼準備？第二次英聽練習方法與準備計畫分享！
　　／子甯

208 一篇文看懂 APCS：考檢定還可以申請大學？考前必知的事項都
在這
　　／子甯

關卡 7 繁星推薦

213 繁星制度怎麼玩？三分鐘帶你認識繁星升學制度＆時程
　　／莊愛玲

219 學測生必看！三分鐘學會繁星志願選填心法
　　／吳維臻

224 沒背景也能上醫學系？繁星、個申醫學系面試技巧大公開！
　　／吳維臻，與國立成功大學醫學系陳如祐同學合作

關卡 8 個人申請

229 「篩選倍率」看不懂？兩分鐘搞懂個申篩選倍率是什麼！
／璨瑋

232 學測落點分析工具！快速找到最適合自己的校系、學會填個申
志願
／子甯

237 自然組跨考社會組簡單嗎？三分鐘帶你了解準備方向
／鍾佳諭

241 學習歷程自述範例分享：六個製作小技巧告訴你
／工常張 Shawn

246 關於多元表現綜整心得：十個製作注意事項與建議
／子甯

252 遇到英文面試怎麼辦？三分鐘認識自我介紹與必考題目
／子甯

關卡 9 分科測驗

259 無法專心複習怎麼辦？分科戰士六個提高專注力的技巧！
／Amanda Chien

264 分科考前衝刺讀什麼？三大複習技巧告訴你！
／吳伊晴

關卡 ⑩ 選擇大學

268　高一到高三都適用！越早知道越好的選大學心法
　　／宜蓁

Chapter 5　恭喜通關，遊戲結束！但……還有下一款遊戲哦

大學準備指引

277　升大學的暑假要做什麼？三位筆者的經驗分享，讓你完美規劃
　　暑假生活！
　　／鍾佳諭、吳伊晴、甄瑩

284　大學就是不用讀書好好玩四年？大學讀書經驗分享
　　／子甯

289　欸，你等等有課嗎？沒事就走啊！──大學課外活動分享
　　／芋泥

推薦序

進入高中階段
不可或缺的秘笈寶典

高孟琳

今年（2024）適逢教改 30 週年，當初廣設高中、大學的理念，雖然緩解了升學壓力，卻也造成一定程度的學歷貶值和學生程度落差加劇，尤其多元入學的選才方式加上不斷「微調」、「滾動式修正」，令人無所適從的課綱和考招制度，更讓學生、家長和教師們疲於奔命的不斷摸索適應到懷疑人生。「將帥無能、累死三軍」，教育政策使得這一世代學子成了名符其實的白老鼠，而當初主導教改大旗的主事者也成了眾矢之的。

108 課綱肩負著高中端育才的重責大任，「自發、互動、共好」的理念，降低必修、增加選修的目標均崇高而美好，但「理想很豐滿、現實卻骨感」，高中校園開設的多元選修和自主學習，真的能讓學生多元發展適性學習了嗎？為何依據新課綱進大學的學生休學和轉學率依然居高不下呢？考招制度的變革關係到大學端如何選才，但從學習歷程檔案、素養題型、級分制轉換到分科測驗、大學參採科目多寡、二階篩選倍率……等卻經常調整令人捉摸不定。

賦能港科技公司在新課綱上路後為了解決學生們的焦慮，曾多次前來本會諮詢，除了開發自主學習工具 Lucker App，而後也成立了 Luckerly 拉課力部落格，近年致力於服務高中學生製作學習歷程檔案此一區塊，難能可貴的是讓學生能無償使用其所開發之工具，此與本會強調「教育是公共財」之理念不謀而合。今樂見集結過去曾使用此工具諸多學子的心得及對高中課程、生活、升學方式、學檔製作、如何準備考試……等全方位介紹，可說是一本進入高中階段不可或缺的秘笈寶典，身為一位資深的高中教師十分推薦本書並樂為之序。

全國高級中等學校教育產業工會理事長
高孟琳

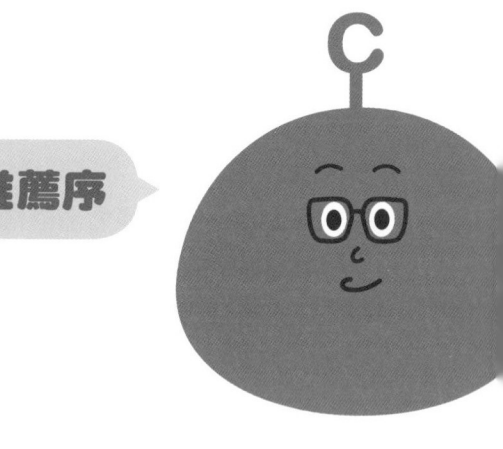

推薦序

高中生須學會
選擇與負責

陳勇延

　　每年高一新生入學，我總是會在新生始業輔導時跟孩子談這個題目——選擇與負責。以普通型高中來說，除了一般科目的學術基礎預備，教會學生如何「選擇」，以及為其所做的選擇「負責」，是非常重要的學習課題。

　　首先第一個是學會選擇。

　　人的大腦選擇模式有兩種：一種是預設模式、一種是自覺模式。

　　預設模式，就像電腦的 DEFAULT 值，照著預設值走。人類大腦的演化是對習以為常的事就盡量不思考，這樣比較不耗能量。而運作這個選擇機制的就是習慣。所以，你每天出門會不假思索往左往右，都是慣性使然。

　　習慣有好，也有壞。

　　學生要學習不受壞習慣的約制，並且建立好習慣。這是所謂預設模式，也可以說是慣性模式。

　　相較於慣性選擇，另一種模式是自覺模式。

　　這個模式是經過深思熟慮後的選擇，你知道為什麼而選，對於選項的利弊得失做過評估。這樣的選擇會有規準來做判斷，例如道德價值的規準、科學的理性規準。

學習，就是學習判讀這些規準，學習如何運用這些規準來面對各種真實情境做知性的選擇。

我們的人生就是一連串的選擇所組合而成。學生時期選社團、選課、選校選系……長大以後還有選工作、選伴侶……你選擇這個、不要那個。選擇這樣做、不那樣做。都有可能是預設模式與自覺模式的交錯組合。

你可能選對，也可能選錯。最終，合起來就是我們的一生。

高中時期第二個重要的學習是負責，為我們所做的選擇負責。

每個人都應該明白，世界不會繞著我們運轉，我們的選擇也不會有求必應。每個人，都必須為想要的選擇負責，必須有所取捨，這個取捨就是選擇，為了滿足選擇所做的行為就是負責。

很開心看到 Luckerly 拉課力團隊出版這一本《陪你走過高中三年：108 課綱學長姐的高中破關全紀錄》。Lucker 不僅是一款為 108 課綱設計的免費 App，團隊還時常舉辦各式免費培訓講座，希望學生與家長更加理解新課綱的內容與任務。拉課力的編輯都是 108 課綱下的高中生，這本書由這些年輕人親自撰文，分享他們在學習歷程檔案、大學二階過程的親身體驗，更能抓到高中生的痛點。

高中生從入學到畢業，就是在一連串的選擇與負責交叉進行。要做知性的選擇，而不是盲選盲從。這本書不同於網路社團的道聽塗說，資訊都是經過編輯群檢核過，都是第一手資訊與實戰經驗，非常值得推薦給高中生與家長。

國立中興大學附屬高級中學校長、延選好學頻道主持人
陳勇延

> **推薦序**

站在有光的地方

王榮春

根據 104 人力銀行的資料顯示，有七成左右的臺灣社會新鮮人，在畢業後的第一份正職工作不滿一年。而 2024 年 3 月分勞動部的失業調查數據也顯示，臺灣 20～24 歲族群的失業率為 11.37％，約為全年齡失業率 3.38％ 的 3.36 倍。主要原因，是學生在畢業時，不清楚自己的才能與熱情適合從事什麼職業。所以只好用「換工作」的方式，尋找適合個人才能與熱情的職涯方向。

但有趣的是，學生在求學期間，其實有很多思考自己未來生涯發展的契機。例如：國中會考結束後，學生可以思考自己適合就讀普通高中，還是技職高中。如果選擇技職高中，還可以思考要選讀哪個自己有興趣的科別？而普通高中的學生，在高一上入學時，可以申請就讀某些特別的班級（例如：科學班、語資班等）；在高一下，也可以自行決定要選讀什麼班群。高中三年，也可以自行決定要選修哪些加深加廣的課程，進行哪些自己感興趣的自主學習主題，更可以自己選擇想參加哪些社團、營隊、比賽……或線上學習活動。

只是，多數的學生或家長在面對這些多元選擇時，都會覺得有點麻煩，因此就本能地以學業成績作為主要判斷依據，忽略學生在乎的價值觀、來勁的興趣及個性特質，這些與「熱情」有關

的重要元素。

因此在高中三年的學習與探索過程，就會比較被動消極，缺乏學習動力。導致高三下申請校系時，學生才會發覺自己因為缺乏探索的動機，即使選擇參加了各式各樣的探索活動，也沒有累積什麼學習歷程檔案，或是以交作業心態，隨便寫個學習歷程檔案交差了事。因此在高三申請校系時，就無法找出適合用來申請校系的備審資料。

此外，為了做到適性揚才，教育部針對不同類型的學生，規劃了各種不同的升學管道。只是多數的學生沒有花時間探索自己，所以就不清楚自己適合哪個升學管道，加上升學管道比較多元，所以學生（甚至老師、家長）就覺得升學制度很複雜，所以就先將所有心力投入在課業上，覺得只要考好學測或分科測驗，就可以選擇任何想要就讀的科系。

因此，學生就要花很多時間修習自己不感興趣的科目，導致沒有餘裕的時間省思與參與生涯探索活動。更沒有完整的時間，將探索的結果整理成學習歷程檔案。所以在高三學測考完申請學校時，會發生學測成績通過一階申請校系，但在準備備審資料時，卻苦無適合的學習歷程檔案可以運用的窘境！

《陪你走過高中三年：108 課綱學長姐的高中破關全紀錄》這本書的作者群，都是親身走過整個升學歷程的學生。他們透過現身說法，以淺顯易懂的方式，讓學生與家長可以掌握高中三年會遇到的各種學習挑戰。例如：書中會分享如何選擇資優班、班群、社團、自主學習、大學營隊？如何將上述探索的成果，撰寫成學習歷程檔案？如何選擇適合的升學管道？如何選擇適性揚才的校系？如何針對想申請的大學校系做準備？確認就讀校系後，如何做好規劃，過好人生最沒有壓力的暑假？最後也分享大學的學習與高中的學習有何差異？如何過好大學生活？

104 人力銀行曾在 2019 年，針對 800 多位老師與家長做過

一項調查，探討如果要讓孩子可以擁有得心應手的學習生活、對未來職涯充滿信心，身為師長可以怎麼做？研究的結果建議師長可以從「多探索」、「多陪伴」、「多記錄」三個面向著手。相信《陪你走過高中三年：108課綱學長姐的高中破關全紀錄》這本書的內容與案例，除了讓學生掌握高中三年的學習歷程，也可以讓家長具體地將「多探索」、「多陪伴」、「多記錄」的心法，落實成具體的作法，協助孩子面對高中三年的學習生涯。

　　祝福閱讀本書的學生與家長，都可以找到怦然心動的第二人生。

104人力銀行職涯教育長、國立政治大學心理學博士
王榮春

出版序

破解高中各階段的
任務與挑戰

胡書瑜

　　賦能港科技一直以來致力於透過網路科技放大「共學共好」的力量，我們相信一起努力會使學習更加有效。因此，在 108 課綱實施初期，我們觀察到教育變革帶給學生及家長的壓力後，除了開發自主學習工具 Lucker App，而後也成立了 Luckerly 拉課力部落格，期許藉由學生們的經驗分享及傳承，打造更美好的網路學習環境。

　　我們明白落落長的複雜規章或教學手冊無法消除學生心中的困惑與迷茫，他們需要的是有人指引他們努力的方向、參考前人的經驗。Luckerly 編輯團隊都是 108 課綱第一、二屆的學生，身為「新課綱先鋒隊」，最能體會這種前方沒有指引的無助感，這也更堅定了他們想要將自己的經驗書寫下來幫助學弟妹的心。除了整理課綱制度，讓學生們可以快速理解重點之外，編輯們也會分享關於學習歷程製作、讀書方法、升學準備等相關經驗。

　　108 課綱已實施五屆，許多教育界的專家學者發行了各式對 108 課綱觀察、討論的出版品，但是沒有一本書是完全以學生的角度出發。因此，Luckerly 成立兩年後，在編輯群不斷豐富文章題材、盡力觸及高中生活可能碰到的困難的努力之下，今年我們決定將部落格的精神以書籍的形式延伸，讓學生編輯們的觀點、

體會更被重視。

本書精選部落格中的文章編輯成冊,並增添一些實體書限定內容,依照時間順序,介紹高中各階段會碰到的任務與挑戰,並分享編輯們破解任務的攻略和真實經驗。本書的發想與構思,來自學長姐想要幫助學弟妹的熱心,實際走過這條升學路,才明白學生會面臨哪些困惑、真正需要什麼樣的引導。雖然這是一本為高中職生所寫的書,但也同樣適合家長與老師閱讀,可以透過本書更好地了解學生的需求,並適當地給予幫助。可以說,《陪你走過高中三年:108 課綱學長姐的高中破關全紀錄》不只是工具書,亦是一本體現當代高中生對教育制度理解的書。

《陪你走過高中三年:108 課綱學長姐的高中破關全紀錄》的出版受到各界幫助,感謝曲慧娟老師啟發我們出書的想法,感謝審閱書中規章制度內容的林佳玲老師、給予建議的 Luckerly 創辦人張君祥,以及最重要的編輯團隊:主編顏子甯、副編吳維臻、編輯莊愛玲、簡愉珊、吳伊晴、鍾佳諭、李宛諭、顏甄瑩、于璨瑋、施宜蓁,即便課業繁忙,仍將撰文及編輯工作處理得十分完善。感謝全中教理事長高孟琳、臺中興大附中校長陳勇延及 104 教育長王榮春認同我們的理念並為這本書撰寫推薦序。也感謝時報文化,安排本書各項出版與發行事宜。

賦能港科技期待本書的出版發行,能夠鼓勵更多學生將自己獨一無二的學習經驗分享出來,我們的教育與學習環境可以在不斷的交流與傳承中,得到更多啟發與成長。

賦能港科技股份有限公司執行經理

胡書瑜

Chapter 1

所以，
什麼是上高中？

遊戲介紹

小拉

你好呀！我是小拉，經過漫長的會考準備與奮鬥，我終於升上高中了，好期待接下來開學認識各式各樣的人！對了，陪伴我一起長大的克也和我考上同一所學校，他平時很照顧我，是個很好的朋友，待會可以帶你去找他！啊，還有還有……

咳咳咳，接下來，我們先請 GM 登場，向玩家們介紹遊戲與玩法。

哩賀～歡迎玩家們來到遊戲世界當中，我是你們的 GM（Game Master）黃阿姨。年輕人火氣旺，相信你們都已經迫不及待了吧！但在遊戲正式開始之前，先讓我來介紹普通高中的玩法！

黃阿姨

普通高中課程簡介

文／吳維臻

制度介紹

　　普通高中是臺灣最多學生選擇的教育體制。普通高中需要讀三年，總共修習一般科目之部定必修 120 學分，加上校定必修及選修的 62 學分，總共 182 學分，畢業最低學分數為 150 學分成績及格，其中需包含修習部定必修及校定必修至少 102 學分，同時選修至少需修習 40 學分。

　　課程規劃上除了一般科目的講授，另外需要安排「團體活動時間」及「彈性學習時間」，每週各規劃兩到三節課。團體活動時間泛指班級活動、社團活動、學生自治活動等等，而彈性學習時間中，學生需自行安排自主學習，或者依照學校需求可安排選手培訓、充實增廣課程及補強性課程，另外在 108 課綱中更新增了「社會探究與實作」以及「自然探究與實作」的課程，讓過往只停留在課本上的學科，可以變成實作課程。

108 課綱是什麼？

　　108 課綱（以下稱新課綱）在教育部的課程規劃下，最大的發展重點是關注學生是否能在各個領域、學群、科目等之間進行統整與相互銜接上的學習，並且在課程學習上融入性別平等、人權、環境、海洋等等議題。除此之外，在新課綱的訂定中可以看到，老師在對學生進行評量時，需要更關注學生的個別差異，並設計多元化的評量方式，像是紙筆測驗、實作評量、檔案評量等等，同時也應該避免過度偏重紙筆測驗。上述的教學評量與課程

規劃都是希望能達成「成就每一個孩子——適性揚才、終身學習」的願景。

普通高中的升學指南

新課綱下的大學多元入學採「考招分離」及「多元入學」，希望可以達成由單一智育考評朝向多元綜合考量，且選才方法不再只有考試。考試主要由「大學入學考試中心」等常設機構獨立命題與承辦，招生等多元入學管道由各大學科系依照其特色選擇，並訂定招生條件。普通高中學生一般會透過「特殊選才」、「大學繁星推薦入學」、「大學個人申請入學」及「大學考試分發入學」四種方式升學，除了特殊選才，其他三種升學方式皆需參加「學科能力測驗」，部分科系需要參加「高中英語聽力測驗」及「大學術科考試」，而透過考試分發入學升學需要參加「大學入學分科測驗」。

繁星推薦以參採在校成績為重點，並以學測、英聽或術科考試作為檢定／篩選及分發比序，特定校系須參加面試。考試分發入學主要採計學測、分科測驗及術科考試成績，由校系自訂考試科目組合，與過去的考招制度差異不大。在新課綱下，我們常聽到的「學習歷程檔案」、「多元表現」等等名詞都出自於個人申請入學。個人申請入學主要分成兩階段，在第一階段以學測、英聽或術科考試成績為校系檢定及篩選標準，而在第二階段會參考「學習歷程檔案」作為審查標準，另外各大學科系也會按照需求設計其他的評量方式，如面試、筆試等等。「學習歷程檔案」取代過去的書審資料作為大學重要關注的審查資料，大學端期待能從其中了解一個學生在不同領域的多元能力展現、個人特質與潛力。

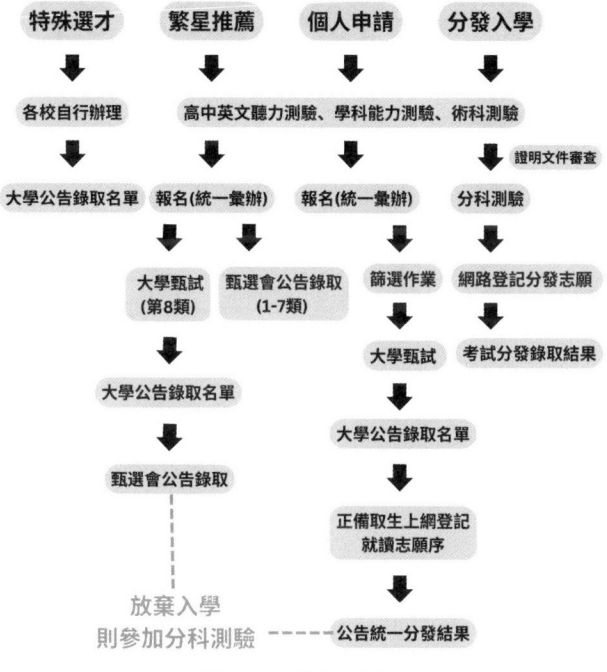

大學多元入學方案架構圖

參考資料

- 教育部（2021）。十二年國民基本教育課程綱要總綱。臺北市：教育部。
- 大學招生委員會聯合會（2017）。大學多元入學方案。臺北市：教育部。
- 國立臺灣大學（2020）。學習歷程檔案。取自 https://www.108epo.com/courses.php （查閱時間：2024 年 4 月 5 日）。

黃阿姨

除了最多人選擇遊玩的普通高中主線之外，還有許多特別的支線可以選擇！

可以不用到學校上課的一群人！
帶你一次搞懂什麼是自學

文／宜蓁

你受夠朝九晚五的集體學校生活嗎？你想逃離以成績為重的升學主義風氣嗎？想更認識這項特殊、神秘又迷人的教育制度嗎？本篇文章將會簡介自學這個教育體制，並說明該如何申請，也會回答一些你初次了解它可能會有的疑問，讓你快速了解自學的全貌，最後更有相關的推薦資源。快跟筆者一起看下去！
（註：由於筆者是個人自學生，因此本篇文章將會以個人自學的介紹與經驗談為主。）

自學是什麼？

自學的正式名稱是「非學校型態實驗教育」（以下簡稱實驗教育或自學）。實驗教育分成學校型態與非學校型態，其目的是為了保障「學生學習權」及「家長教育選擇權」，是一種容許跳脫現有的教育體制，做大幅實驗與創新的教育方式。

非學校型態實驗教育又分成以下三種不同型態，分別為「個人自學」、「團體自學」、「機構自學」。個人自學即是最常聽見的「在家自學」（個人自學生不一定只在家學習，學生學習的場域可以很多元），是最個人化也最多元的一種自學模式。在高中階段，又可分為與學校合作或不與學校合作；團體自學通常會是教育理念相似的家庭組成共學團體，讓有共同興趣或理念的學生一起學習；而機構自學則像是體制外的學校，每間機構有其不同的教育理念和特色課程。

自學生可以自行安排課程內容、課程時間、師資與學習方式等，相比體制內學校制式的課程安排，可以更有彈性地規劃自己

的學習。自學將學習主導權還給學生本人，讓學生可以依照自己適合的模式來學習，也擁有更多時間去探索自我。

什麼樣的人適合自學？

筆者的回答會是，每個人都適合。

事實上，自學生當初選擇自學的理由也包羅萬象，可能是不適應學校的生活、受家長教育理念影響、希望花更多時間鑽研自己有興趣的領域、不認同學校體制等等，當然也可能是單純想自學。同時，自學也是一種能包容各種不同型態學生的教育方式。

雖然如此，但作為一位自認過得有點顛簸的自學生，筆者建議未來想申請自學的同學，若能培養以下能力或特質，應該會讓你在自學路上順遂一些。

首先是「自律」，由於自學時沒有老師有義務提醒你該做什麼事，因此必須督促自己完成該完成的作業或任務。再來是「時間管理」，自學生要過得輕鬆愜意或是每天被死線追趕，全看個人決定，所以當有大量任務等著你處理時，如何區分優先順序以及決定要投入多少心力，就是一項課題了。最後是「尋找資源的能力」，脫離了學校體制的「懶人包」規劃，一切都必須自己打理，不會再有人告訴你有什麼課程、比賽、講座可以參加。但也正是因為所有的活動與課程都是自己主動選擇而來的，學習的收穫才更加珍貴吧！

當然，你不需要很厲害才能開始，但要先開始才會很厲害，以上能力都可以在自學過程中一邊慢慢前進一邊學習。

如何能成為自學生？

若你看到了這邊還沒離開，代表你可能對自學有點興趣，接下來就讓筆者介紹如何成為一位自學生吧！

團體自學和機構自學需要由法定代理人向團體或機構提出申

請，並通報所在地的主管機關；而個人自學須於每年四月或十月提出申請，繳交申請書與實驗教育計畫，並參加審議會。學期間也會有訪視委員來關心學習狀況，每學年結束後兩個月內需繳交成果報告書，呈現一年來的自學歷程與成果。

實驗教育計畫通常會包含實驗教育之名稱、目的、方式、內容（包括課程所屬類型與教學、學習評量及預定使用學校設施、設備項目；身心障礙學生使用設施之需求，應予載明）、預期成效、計畫主持人及參與實驗教育人員之相關資料等。但各縣市通常會有些差異，詳細資訊需自行上各縣市網站查看。

自學生如何升學？

這部分將以高中升學為範疇進行介紹。只要就讀高中的時間跟自學期程加起來至少三年，且自學期程達一年半以上，成果報告書經過核定後，就能申請「參與高級中等教育階段實驗教育證明」。前面有提到高中階段的個人自學包含和學校合作，由於學籍設在學校，因此會拿到「高中畢業證書」。

自學生可以拿著證明去報考學測、分科測驗、統測、特殊選才等，但要注意若不與學校合作，是無法透過繁星這項管道入學的。此外，教育部還有一項「青年教育與就業儲蓄帳戶方案」，高中畢業之後，可以先選擇進行職場體驗或生活及國際體驗，累積社會歷練並確認自己的熱愛後，若想回到大學繼續學習，也能透過特殊選才或個人申請等管道入學。

在現今重視學歷的社會，上大學好像變成了一種必要，但即使如此，筆者還是希望無論是高中職生還是自學生，都能稍微思考你到底需不需要上大學？大學對你而言只是別人都有我也要有，還是你真的想獲得大學的資源，學習更深入的知識或進行學術研究？

自學相關推薦資源

當初申請自學時，筆者在網路上獲得很多資源與前輩們的協助，才不至於跌得人仰馬翻，在此想表達一聲感謝，同時也希望這些資源能被更多人看見與運用！

- 臉書社團：在臉書上搜尋「在家自學社群」及「全國自學生社群（°∀°）」，社團內會有熱心的家長與自學生們互相交流。若有問題可以到上面發問，但切記請先到網路上搜尋相關資料，千萬別當伸手牌。

- 一週完成自學申請與臺灣實驗教育推動中心的自學手冊（攻略）：除了帶你一步步撰寫實驗教育計畫之外，文件和網站內也都會引導你思考和評估自己適不適合自學。

一週完成自學申請

- 島島阿學：在網路搜尋「島島阿學」這個平臺，上面匯集各種不同的學習資源，供學習者探索與運用。

結語：想成為怎麼樣的人由你自己決定！

在整個自學期間，筆者最大的收穫是認知到，不必成為社會上認為的某種既定模樣，只需要成為我自己就好，若再重來一次，我大概也還是會選擇自學吧。也許有人會擔心自學失敗怎麼辦，但對我來說，自學沒有什麼成功與否，只有收穫的多寡而已，我始終相信路上的所有風景都將成為日後的養分。

參考資料

- 全國法規資料庫（2018）。高級中等以下教育階段非學校型態實驗教育實施條例。取自 https://law.moj.gov.tw/LawClass/LawAll.aspx?pcode=H0070059 （查閱時間：2024 年 4 月 4 日）。

黃阿姨

> 覺得自己玩太困難，又不喜歡普通高中的遊戲規則？別擔心，還有很多其他支線可以選擇！讓阿姨跟你們慢慢介紹。

高中特殊班介紹：
認識語資班、科學班

文／子甯，與建國中學科學班學生合作

你是否已經很清楚自己的興趣或未來規劃？如果你跟筆者一樣在高中前便已經確定志向，那麼就讀高中的特殊班會很適合你！在本篇文章中，筆者會先簡單介紹高中特殊班，並且透過板橋高中語文資優班及建國中學科學班的經驗分享，告訴大家實際就讀語文類或數理類特殊班的生活。因此若你正在猶豫是否要報考特殊班，一定要仔細閱讀這篇文章！

怎麼進入特殊班、資優班？

許多高中會設立獨立於普通班的特殊班級，例如語文資優班、數理資優班、科學班、音樂班或體育班。這些特殊班級通常需要通過額外的考試才能就讀。有些學校會選擇在高中入學前進行特殊班招考，以建中科學班為例，同學們需要在國三下報考，並且會在參加會考前得知是否錄取。因此有意就讀特殊班的同學需要從國三開始關注相關訊息，以免錯過報名資訊。

不過如果同學們已經考完會考才發現自己想就讀特殊班也沒關係，還有許多學校會選擇在入學後才進行特殊班考試。例如筆者就讀的板中語資班需要先透過會考成績錄取板橋高中，才可以在報到時報名語資班考試。所以同學們確定會考成績後也可以開始查詢自己可以讀的學校是否有特殊班的資源可以使用，這也可以成為同學們填志願的考量之一。

至於資優班考試該怎麼準備呢？這個問題其實並沒有標準答案。每間學校的特殊班考試方向非常不同，筆者建議最好的準備方法就是詢問曾經備考的學長姐。筆者當時詢問了學校附近的補

習班老師，很幸運地透過老師幫忙聯絡到一位曾經報考的學姐，因此更了解考試方向、能更精準地準備。如果沒有人可以詢問的話，則建議預習基礎科目的高中內容。例如報考語資班可以預習一下高中會學到的英文單字、英文寫作等，報考數資班則可以預習高一數學。

我適合讀特殊班嗎？

筆者認為符合以下特質的人會很適合就讀特殊班：

1. 志向明確：特殊班的課綱通常與普通班不同，會刪減部分科目的時數，提供同學不同的課程。例如在筆者就讀語資班的過程中，學校刪減了我們班的自然探究及音樂美術課程，並為我們準備了英文翻譯、表達與第二外語課程。因此建議同學要很確定自己的志向與特殊班的授課方向相符，否則如果不喜歡課程規劃，可能會過得很辛苦。

2. 具有興趣或好奇心：由於特殊班會花較多時間在專業科目，一定會上得比較深入。如果對該科目沒有興趣或好奇心，很容易產生「我為什麼要花時間學這個考試不會考的東西」的想法。

3. 能善用社會資源：特殊班通常有教育部或地方教育局的經費補助，因此能享有更專業的師資、更多實驗、成發或專題經費等。若要使用這些社會資源，請先評估自己是否能好好善用，不要參加了特殊班後不配合班上的規劃認真學習，浪費掉這筆經費。也可以思考看看使用了社會資源後未來要如何回饋社會，抱持著「取之於社會，用之於社會」的心態，才能讓社會資源被好好運用。

如果以上三個描述很符合你，你預計就讀的學校也有特殊班，那麼筆者會建議你挑戰看看！多給自己一個挑戰絕對能讓你

在高中階段比其他同學收穫更多。接下來就讓筆者跟大家分享實際就讀特殊班的經驗吧！

語文類資優班經驗分享：板中語資班

筆者就讀語文資優班的三年發生非常多大大小小的事情，如果要簡單地濃縮成一段經驗分享的話，筆者認為最重要的是這三個面向：課程規劃與興趣相符、擁有挑戰的機會與資源、遇到志趣相投的朋友。

首先，筆者從小就對語文、翻譯和文學等領域很有興趣，也非常不擅長數理方面的科目。因此語資班數理科目較少正好能讓我避免花一堆時間鑽研自己沒興趣也不擅長的東西，能把時間用在自己喜歡的科目。筆者認為能做自己喜歡的事情真的是一件很幸福的事！也因此推薦志向明確的同學就讀特殊班。

在語資班時，筆者也很明確地感受到自己擁有很多挑戰自我的機會與資源。例如我們有小班制進行的獨立研究課，能讓我得到大量且細節的指導，並完成一份大型專題。班上也有舉辦成發的經費，因此對演戲、編劇、第二外語等領域有興趣的同學，都有機會運用班上資源挑戰自我。

最後也是筆者覺得最重要的面向，就是特殊班的同學同質性會比其他班級更高，更有機會遇到志趣相投的朋友。而且特殊班通常不用選組，同學們能一起同班三年，絕對會比其他班級更熟悉彼此。筆者在班上就遇到了一群同樣對語文、文學有興趣的同學，大家最後甚至一起考上臺大外文系。能遇到方向相同、能一起努力的朋友也讓筆者認為就讀語資班非常值得。

數理類資優班經驗分享：建中科學班

筆者也邀請到目前就讀建國中學科學班的同學來分享。根據自身經驗，同學認為建中科學班可以用以下幾個詞來形容：

- 自由：能夠往自己喜歡的方向學習，但也因此需要擁有主動探索的精神。
- 多元：同學們在科學領域各有不同的專長，可以互相學習。同學們的升學方式也非常多元，有別於一般班級通常使用個人申請、分科測驗，許多建中科學班的同學會參加競賽獲得保送資格，或是使用特殊選才，每年也都會有同學選擇到海外就讀大學。
- 機會：科學班有經費、資源，可以做自己想做的研究。班上也有海外參訪的機會，以同學的經驗為例，高一時有機會前往新加坡，參訪了南洋理工大學。
- 先修：班級的課程規劃是用兩年學完三年的課程內容，因此在高三時會有餘裕可以到大學修課。以建中科學班為例，同學們可以到臺大上課，為大學階段做好準備。

除了以上特色之外，同學也分享說，就讀科學班期間最令人印象深刻的絕對是遇到的人們。他表示身邊有許多厲害的人可以請益，平時也能和同班同學互相切磋，讓他進步快速也獲益良多。

結語：為自己選擇喜歡的高中生活

看完以上基本介紹和不同特殊班的經驗分享後，如果你還在猶豫是否要選擇這條道路，不妨問問自己，你想要怎麼樣的高中生活？高中課程不只有普通班一個選項，各位同學可以謹慎考慮後，選擇最滿意的課程規劃。不論你最後的選擇是什麼，祝大家都能度過喜歡、幸福的高中三年！

黃阿姨

還有最後一個支線阿姨一定要跟你們介紹。這個支線叫七年一貫，是在大學上課，可以一次上七年哦！關於這個阿姨也有很多事情可以分享……。

七年一貫制不用考學測？
五分鐘帶你認識七年一貫音樂系！

文／吳維臻，與國立臺南藝術大學音樂學系林承億同學合作

七年一貫體制是什麼？考完高中就可以直升大學？讓音樂系學長為你解答！本篇文章邀請到林承億學長，跟我們分享他的音樂班求學之路，以及如何不讓七年一貫制、音樂班侷限自己的方法。

七年一貫制是什麼？

全臺一般大學僅有國立臺北藝術大學舞蹈學系、國立臺南藝術大學音樂學系及中國音樂學系有七年一貫制的招生管道，透過這個管道入學的學生可以一次念完高中三年和大學四年。根據學長在南藝大音樂系的經驗，就學期間也會有晉級的考核制度，並非只要入學就能完全保障讀完七年，仍然需要透過自己的努力不斷進步與維持實力。進入學校之後，雖然年紀上還是高中生，但因為在大學的體制裡面上課，所以高中期間的上課方式會很像大學生，需要有很高的自律性。

如何踏上音樂班這條路？怎麼考上七年一貫制？

學長在國中的時候是國樂團，負責吹奏笙，這個經驗讓學長走上音樂班這條路。音樂系七年一貫制只採計主修與試奏成績，因此對自己的術科實力很有自信，但成績沒那麼好的同學，音樂系七年一貫制就會很適合你！除此之外，雖然聽寫、樂理不採計但也會考到，所以學長建議想要申請七年一貫制的同學也要對聽寫、樂理有一定的掌握。

音樂系學生與普通高中學生的不同

一般的高中生讀完高中三年之後就要準備考大學，因此需要花很多時間在準備學測、學習歷程上，而音樂系七年一貫制的學生，雖然也會有讀完三年後轉出去念其他大學的同學，但大部分的同學都會在制度內念完七年，因此在學科的琢磨上會比較少。學長提到，音樂系的學生在學校都有自己的琴房，可以將大量的時間花在術科上，但學科方面只有學習國文及英文，跟一般高中比起來相對較少。

在音樂系期間學到了……

就讀音樂系七年一貫制的期間，學校安排了很多的術科考試及定期公演，讓學長從中獲益良多，對於樂器演奏的掌握度更好、音樂實力更強。對於正在猶豫要不要報考音樂系七年一貫制的你，如果你非常想專精自己的術科實力，選擇音樂系七年一貫制會很適合你，在這裡你會有很扎實的學習，同時也有很多的公演機會讓你能展現自己！

音樂系就只能學音樂？音樂系學生也能向外探索！

學長在音樂系七年一貫制下，即使不需要為了申請大學而準備學習歷程，他還是靠著自己積極參與活動、找尋適當資源來充實自己除了音樂以外的能力。學長擁有喜歡嘗試、挑戰自我的性格，不甘於成為一般的音樂系學生，而踏上探索自己的道路，在高中期間參與臺南高中生的社群、有經營自媒體及辦活動的經驗。在活動期間，學長學習到社群行銷及撰寫企劃書的能力，讓他在未來不用將自己侷限在音樂的領域，為自己的出路找尋備案，並且能參考這些經驗多方發展。

音樂系學生的未來何去何從？

提到音樂系，大家第一時間都會想到音樂老師，但真的只是這樣嗎？筆者在這次的採訪中也問到學長對於未來的規劃，學長提到自己希望能盡量地維持成績，在未來可以去修師資培育課程，讓自己有機會成為一名音樂老師。另外，如果職業樂團有開空缺的話，希望自己也可以努力去嘗試看看，讓自己的演奏水準能逐漸提高，或者如果可以的話，也會想要嘗試看看作曲，讓自己多一個成為作曲家的可能性。

結語：給想要報考七年一貫制的學弟妹

音樂系七年一貫制是跟普通高中生很不一樣的路，其中一定會有很多不被理解與共感的時候，但正因為如此，為了專精音樂而選擇這條路的你真的非常厲害，也一定要相信自己的選擇！

最後，學長想給未來即將要報考音樂系七年一貫制的學弟妹一些小建議：

- 申請時要多專注準備主修的考試。
- 基本的樂理、聽寫不能因為考試不考就不學。
- 進入七年一貫制會更像大學，要有很高的自制力。
- 多多參加活動能更多元地學習。
- 不要侷限自己未來的出路。

遊戲更新通知——新課綱介紹

黃阿姨

由於我們製作的遊戲經過多次的修正與優化，目前玩家所遊玩的版本已經更新過了唷！我們來看看有哪些地方變得更好玩，跟阿姨我那時候差了十萬八千里呢。

快速認識學習歷程檔案！一次看懂制度和實用工具

文／子宥

　　新課綱中最讓人困惑的新挑戰絕對是學習歷程檔案。本篇文章中筆者將會簡介學習歷程檔案制度的規定，並和各位同學分享一些實用的學習歷程相關工具。

　　首先，什麼是學習歷程檔案？學習歷程檔案簡單來說，是要求同學在高中三年時進行自我探索，並在過程中定期記錄自己的所學與反思，而這些紀錄資料會成為大學個人申請的重要審查資料。高中階段的自我探索不只侷限於課內學習，同學們參加社團、課外活動、競賽等的過程也可以透過學習歷程檔案記錄下來。讓大學升學制度不再侷限於傳統紙筆能力的測驗，可以呈現同學在不同領域的多元能力、個人特質與潛力。

　　因此各位同學可以不用把製作學習歷程檔案想成「為了上大學而做、沒有個人申請就浪費掉了」。學習歷程檔案可以成為刺激自己記錄、反思的工具，讓你不會忘記每次活動帶給你的感受，也讓你在未來升學相關的選擇時有參考依據。

　　不過筆者雖然說不要把學習歷程檔案想成單純的升學工具，為了升學，在製作學習歷程檔案時還是必須符合相關規範，以下為各位同學整理出一些學習歷程檔案相關規定：

1 分為四項內容

　　學習歷程檔案有四項不同的類別。其中「基本資料」、「修課紀錄」會由高中端負責上傳，因此同學們平常要製作的是「課程學習成果」與「多元表現」。課程學習成果是記錄你在校內修習課程的所學、收穫、反思與成果；多元表現則聚焦在你的課外

活動經歷。多元表現可以再細分為以下幾個類別：

- 幹部經歷：學校／社團／班級幹部。
- 競賽參與。
- 證照檢定。
- 服務學習時數。
- 彈性學習時間：包含自主學習、選手培訓、充實增廣教學、補強性教學、學校特色活動等。
- 團體活動時間：包含班級活動、社團活動、週會、講座、學校活動。
- 職場學習：包含參訪、實習。
- 作品成果。
- 大學與技專校院先修課程。
- 其他活動（任何對於你的高中階段很重要的事情都可以放！）。

另外，各位同學們可能還會聽過「學習歷程自述」和「多元表現綜整心得」。不過這兩份檔案在高三個人申請時再上傳即可，暫時先不用擔心！

2 件數規定

高中的六個學期間，每學期都可以上傳學習歷程檔案，不過有相關的件數規定。課程學習成果每學年最多可以勾選六件，最後大學端至多參採三件；多元表現每學年可以勾選十件，最後要從三年的檔案中選出至多十件給大學端。

3 上傳後需勾選至中央資料庫

剛剛提到的勾選跟上傳是不同的動作！平時同學們會先把學習歷程檔案上傳到學習歷程檔案系統（各縣市畫面可能有所不同），老師也會在這個網站進行認證，最後同學們在這個網站進

行勾選後，學校會負責將檔案上傳至中央資料庫，因此勾選非常重要！

學習歷程檔案規定

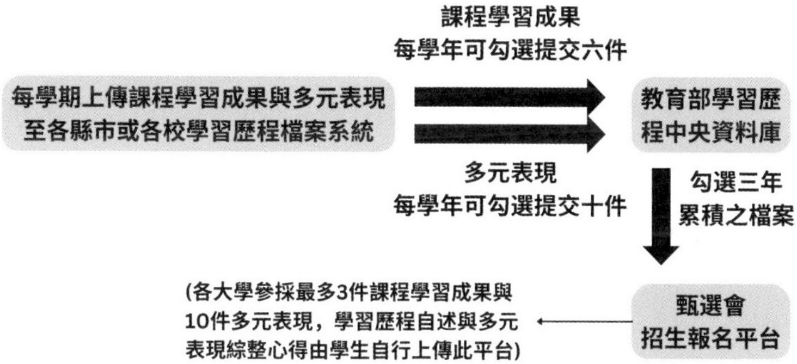

課程學習成果
每學年可勾選提交六件

每學期上傳課程學習成果與多元表現
至各縣市或各校學習歷程檔案系統

教育部學習歷
程中央資料庫

多元表現
每學年可勾選提交十件

勾選三年
累積之檔案

(各大學參採最多3件課程學習成果與
10件多元表現，學習歷程自述與多元
表現綜整心得由學生自行上傳此平台)

甄選會
招生報名平台

4 檔案大小限制

目前學習歷程檔案有文件 4MB、影音 10MB 的檔案大小限制。因此各位同學要更用心篩選必須呈現的資訊，也可以使用 PDF 壓縮軟體來避免限制自己的發揮。

5 沒有學習歷程的補救方法：上傳 PDF 檔

雖然按部就班地上傳比較好，但如果同學們真的沒有上傳學習歷程檔案也沒有關係！目前有一個補救方案，就是在高三時直接上傳一份 PDF 檔，不管是重考生或是忘記上傳的同學都可以使用。不過也必須提醒各位同學，高三時還需要製作學習歷程自述（後面會介紹）、準備面試，因此如果把學習歷程也留到高三才做，可能會忙不過來，大家還是按照規定每學期上傳比較好！

看完學習歷程的規定後，相信各位同學應該還是不太知道該怎麼開始做學習歷程檔案。不過不用擔心！筆者準備了兩個非常實用的資源要跟大家分享：

1 Lucker 拉課

Lucker 是專為 108 課綱同學所設計的學習工具，包含學習紀錄、學習歷程、我的時程及動態牆 4 大功能，從找尋自主學習活動、管理行程、記錄素材到製作學習歷程檔案，通通可以在 Lucker 一站搞定。

「學習紀錄」是各位同學要製作學習歷程時最重要的部分。同學們可以直接使用 Lucker，在學習活動中隨手收集文字、圖片、影片、音訊、文件等素材，還可用資料夾分類收納不同課程、活動的紀錄，避免遇到期末要做學習歷程時，找不到素材的窘境。

「學習歷程」內建超過 100 種不同風格的設計模板，且專為各個檔案類型提供撰寫的專屬架構與引導文字。同學只需輸入文字和照片，或插入事先做好的學習紀錄，排版及檔案壓縮的工作都交給 Lucker！匯出檔案有 PDF 及 Word 兩種選擇，亦可連同檔案內素材打包成 Zip 檔輸出！

「我的時程」提供強大的行事曆功能，不但可以將各種行程分門別類，還可以設置倒數日，放到手機桌布上，讓 Lucker 陪你倒數重要行程！「班級行事曆」則讓全班同學共享，一人編輯、全班享用，是幹部與小老師的管理好幫手！

「動態牆」為大家整理全臺灣高中職生的校外學習活動，包含營隊、講座、競賽等等，可透過篩選器選取想看的活動及學群類別，是找尋自主學習機會的好管道！還可將有興趣的活動直接加入「我的時程」，讓 Lucker 提醒你報名和參加。

如果你習慣用電腦進行長文字編輯，Lucker 也貼心提供 Web 版編輯器，可以操作更多進階功能，如製作表格、更換字體大小及顏色等等，排版自由度大大提升。因此如果你還在思考要用什麼工具製作學習歷程，Lucker 會是一個很全面的好選擇！

2 Lucker 雲端圖資館

除了有好的工具，寫出好的內容也很重要。不知道怎麼下手的話，去看看學長姐的範例吧！註冊 Lucker 雲端圖資館後同學們會拿到「麻幣」，利用這個代幣，可以兌換觀看學長姐的學習歷程完整檔案。麻幣使用完後，你也可以分享自己的學習歷程檔案來換取更多麻幣，就可以不斷參考不同類型的檔案了！

Lucker 雲端圖資館擁有破萬位使用者，因此檔案的選擇非常豐富，絕對能找到你想參考的檔案。而如果你上傳了自己的檔案，還可以順便參加免費的「學長姐智囊團」的活動，讓實際走過 108 課綱的學長姐們為你的學習歷程提供一些個人化的建議。

以上是學習歷程檔案的制度與相關工具分享。在接下來的章節裡，筆者們也會針對每一種類型的學習歷程檔案，分享我們的製作經驗。因此最後筆者想告訴大家，不用因為學習歷程檔案是新的規定就感到害怕，把它想成是一個新的學習工具吧！接下來我們絕對可以一起一步步完成的！

黃阿姨

接下來遊戲就準備開始啦（摩拳擦掌）！
祝你通關順利，玩得開心！

Chapter 2

在高中卡關了
怎麼辦？

關卡 ① 讀書

「叮鈴叮鈴」，下課鈴聲響起，學生們從教室內魚貫而出，為整座校園增添許多生氣。

小拉
> 高中的第一次段考居然就這樣過去了！

克也
> 對呀，感覺好不真實，原來我們已經是高中生了呀～

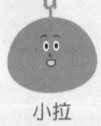

小拉
> 雖說如此，我這次感覺考得不太好，好多題目都不太會寫。

克也
> 我也是，好像還沒抓到高中讀書的方法和訣竅。

小拉與克也在走廊聊天的同時，巧遇了小拉的直屬學姐莉莉，莉莉和走在一起的生面孔學姐交談甚歡，此時她注意到了小拉二人。

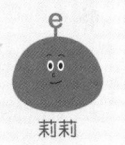

你們怎麼了啊？怎麼一副愁眉苦臉的樣子。

莉莉

學姐，我這次段考好像考爆了，照這樣下去，以後會不會沒大學可以讀呀？

小拉

那剛好，我旁邊這位可是學霸唷～

莉莉

你們好！我是小綾，我沒有像莉莉說的那麼誇張啦，但是在讀書這方面算是有點心得，你們是哪一科考不好？

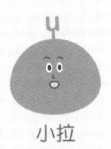

小綾

我理科一直都不是很拿手，想請問學姐有什麼讀書技巧嗎？

小拉

高中讀書方法：數理化好難？自然組讀書技巧大公開！

文／吳伊晴

對很多同學而言，數學跟理化應該是高中最困難的科目。在這篇文章裡，筆者會統整數理化科目的共通點，再逐一帶你了解該如何讀這些科目、有哪些小技巧，讓你找到自己的讀書方法，不再畏懼高中的數理化！

首先，數理科的重點在於基礎觀念理解，若基本觀念懂了再去大量做題目練習會很有效率。根據這個大原則，筆者整理出了幾點數理科共同的讀書作法：

1 概念至上

數理科最重視觀念的釐清與了解，通常在學校上課時，老師也是以「講解觀念為主、題目為輔」的方式進行。因此各位同學上課做筆記時可以養成「先聽懂、懂了再抄」的習慣。許多概念懂了，去做基礎題也會更加得心應手，遇到難題時也比較容易找到解題思路（難題通常都是由不同觀念混合而成）。最後可以從不會的題目再回去複習不熟的概念。

2 讀書步驟建議

- 上課認真聽、認真寫筆記。
- 準備一本講義與筆記本。
- 大量刷題找出不熟觀念。
- 段考前一週快速瀏覽課本。

首先筆者會在上課時先將聽懂的部分抄下來，不懂的部分則等下課後詢問老師、同學再抄寫。另外筆者會選擇一本自己能夠

理解且條理清晰的講義，搭配上課做的筆記，回家後做第一次複習，並重新整理成屬於自己的重點筆記。

接下來，筆者會利用校內外講義、考卷大量練習題目，透過練習題目訓練速度與解題思路，同時也能抓出自己不熟悉的觀念再次回去複習。另外筆者會在做題時避免做太多次「重複概念」的題目，寫題目的用意在於找出不熟的地方，若一直寫本來就會的題目，這樣不僅沒有幫助也會浪費大量不必要的時間。

最後筆者會在段考前的一個禮拜快速瀏覽課本的文字描述（課本的文字通常都是講精簡的概念）並在旁邊做自己的筆記註解，以此加深印象並找出還不熟的地方再做加強。

將上面連貫的讀書步驟走過一次後，你會發現自己其實在不知不覺中已經將同一個觀念複習至少四次以上了！

3 製作錯題本（有餘力的話）

製作錯題本的好處是可以在考試前快速複習不熟的題型。現在市面上有賣現成的錯題筆記本，可以把錯過而且真的不會的題目剪下來或是影印下來，黏貼在錯題本上，並記錄這一題的解題觀念、步驟，以及它是屬於哪個單元、難易度、複習過幾次。

除了以上三個共同的讀書方法，針對各科，筆者也根據自己的經驗，整理出一些個別適用的作法：

數學：掌握各種題型概念

1 製作公式本

數學公式本可以幫你在考試前快速複習核心知識。筆者會在讀完一個單元後，透過製作數學公式本，複習該單元架構與脈絡。這本公式本不會是一次可以做完的，而是在讀完每個單元

後，以逐步填寫的方式累積而成。以筆者自己的作法為例，筆者會將各單元的重要公式寫在公式本裡，並用紅色標記解題關鍵點或常常忘記的部分。筆者也都會帶著這本自己整理的數學精華，去迎戰每一次考試。

2 平常練習時，避開重複題型

數學重要的其實是「概念懂不懂、會不會用」。已經會的題目就可以不用再一直練，把時間留下來去寫其他類型的題目，才是有效的方法。

3 多練習證明題、作圖題

筆者認為練習證明題的好處在於你必須寫下所有計算與思考過程，這樣子的作法久而久之可以訓練我們的數學邏輯與推演能力。有空回去複習題目時，你也可以順著自己的思路看一遍，才不會有「咦？我怎麼算出來這個結果的？」的疑問。筆者後來在算每題數學時，也都會盡量把重要概念與步驟都寫下來，方便自己複習。

而「做圖」其實是從平常做筆記、寫題目之中慢慢培養起來的習慣。跟著題目要求練習畫圖，可以幫助我們加深對題目的印象，也同時達到梳理思考脈絡的作用，常常畫完圖就會想到這題要如何解了。平時多建立自己的空間感，到了考試時便能超常發揮！

物理：聰明地大量刷題節省時間

（此部分邀請到筆者學校自然組校排前十的學姐跟大家分享。）

1 整理公式和練習做圖

這部分跟數學較為相似。可以準備一本公式本，多推導公式

幾次，確認自己熟悉後，再填寫在公式本上。在做練習題時，也要盡量把文字描述轉化為圖示去理解。

2 正確地大量刷題

為何會說「正確地」大量刷題呢？學姐認為大量刷題不是盲目地直接開始一堆題目，而是理解所有公式與觀念後，利用刷題找出自己什麼觀念還不熟、什麼公式還不會用，再回頭複習。此外，跟數學一樣，在刷題時避開重複的題目非常重要。

化學：多背誦卻不只是背誦，應用才是關鍵！

1 先硬記，再熟練

化學科相較於其他理科，多了許多要背誦的基礎知識，例如元素週期表、元素活性大小、金屬還原力等等。這一些基本知識的熟練與否，決定了基本分是否能拿到。筆者自己在讀書時，遇到需要背誦的知識，就一定會認真背，因為這些東西沒辦法靠計算得到答案，如果不背，題目就是不會做。

雖然只能硬記聽起來很痛苦，但各位同學可以透過多練習題目達到熟練。在題目中多應用幾次，你大概就能知道哪些概念很重要，哪些只需要能看懂就好。化學完全考背誦的題目並不多，因此背誦後還需要將不同單元的觀念串聯在一起，並熟悉運用，才是學好化學最重要的步驟。

2 整理圖表

整理圖表時，可以自己手寫成冊，也可以把其他書籍中，你覺得整理得不錯的圖表剪下來做成一本化學剪貼簿。整理化學圖表的好處在於，你可以藉由表格快速地將相似或相異的觀念歸納跟比較，同時也可以在表格周遭加入相關觀念、註解等，將整份

資料內化成自己的東西。

生物：自己把圖畫一次比什麼都重要

1 動手畫圖

生物有許多知識可以透過一張圖、一個連貫的概念去記憶，像是最經典的光合作用，就可以利用一張圖去了解整個流程。筆者建議生物相關的圖表，都至少要親手畫一次。圖不用畫得特別精美，只要能夠幫助自己熟悉所有重點就可以。

2 整理圖表

生物科有大量需要比較跟歸納的內容，因此整理圖表有助於思考和記憶。大多數講義都有整理常考的表格，筆者會先以剪貼這些表格為主。但是當做完題目後，發現有不熟悉的地方時，筆者會再把圖表自己寫一次幫助記憶也當作複習。

地球科學：有效刪去與統整

1 製作刪去重複內容的統整筆記

因為地科有些部分跟國中重疊，所以筆者有回去找國中做的地科筆記，來避免整理到重複的內容浪費時間。當出現國中沒教到的部分，筆者就會統整老師上課的內容、課本講義重點，製作成一本重點筆記。而且地科的一個單元通常在講一個系統性的概念，像是大氣的組成結構、地球的內部構造，都是連貫且階層型的概念，所以整理概念為主的統整筆記會很有幫助。

筆者也想告訴你，看完這篇文章，並不會讓你的數理化成績突飛猛進。筆者與大多數的人一樣，在數理科方面常常遇到瓶頸。但也是因為這些挫折，讓筆者有動力去詢問老師、同學，甚

至是看各種學習方法的工具書、上網查別人的讀書方法,最後不斷調整,變成自己的一套讀書方法。因此,筆者希望能透過這篇文章,給在這些科目遇到挫折困難甚至想放棄的你,提供一些建議跟指引。唯有你自己在讀書過程中不斷嘗試、不斷調整,最後才會找到屬於你自己最好的讀書方法。

讀書的路上,最終仍是一個人走,但是希望能給你一些小技巧,幫助你在這條路上能走得輕鬆自在!

克也

那想請問小綾學姐,我跟小拉不一樣,反而是文科和社會科比較弱,上述的讀書方法也適用嗎?

基本上所有學科都有相同的讀書心法,要先把概念弄清楚再進行大量的練習。不過,各科還是多少有些差異。既然你問到了,我就順便告訴你們!

小綾

社會組的高效學習法！
校排 4% 學姐的讀書方法大公開

文／吳維臻

　　社會組的讀書方法只有背誦嗎？隨著出題方向改變，學測的考題已經不再只是逐字逐句背課本內容就可以解決的，如何將課本學到的東西應用出來才是關鍵！本篇文章會告訴你，筆者作為人文法政班群的學生，如何維持三年在校總成績 4%，以及如何用筆記系統性地歸納自己的所學，幫助你找到適合自己的讀書方法！

　　首先，筆者想先針對國文、數學、英文三個主科分享自己的讀書心法跟複習方式。

國文：取得基本分，再挑戰閱測、國寫

　　國文算是一個很吃語感的科目，除了國學常識以及古文十五有一定的範圍可以背誦以外，其餘幾乎都是完全沒有範圍的閱讀題。也因此有範圍、能掌握的部分一定要複習、背熟，才能掌握到基本分。

　　再來就是閱讀的部分，可以先看題目，再回去看文章，比較容易快速且精確地找到答案。文言文可以在每次練習的時候先自己試著將不懂的句子翻譯成白話文，如果實在無法理解再看詳解的翻譯，重新理解一次，久而久之對文言文的掌握度也會提高。

　　至於國寫的部分，可以透過看範文來提升成績。知性題要看範文是如何架構論點再提出結論，自己試著用差不多的架構寫寫看，可以改善論點不清楚、架構不明確的問題；情意題可以練習多觀察日常的事物，試著細節地描寫一件事或一個現象、物品等。例如，今天晚上是正月十五，你在晚自習回家的路上看到特

別漂亮的月亮，這時你就可以用寫日記的方式，寫下月亮的模樣、你當下的感受、你為什麼會注意到今天的月亮等等，描寫得愈詳細愈好。

英文：語感不好，靠提早練習來救

雖然很多人會說英文要學好只能靠語感，但筆者認為英文也可以透過努力複習、刷題提升成績！

如果你現在還是高一、高二，一定要買有附例句、搭配詞的單字書多背一點單字，而且一定要連搭配詞一起記，這樣在學測克漏字可以寫得比較順利一點。另外，養成寫英文閱測的習慣也可以提升之後閱讀的速度。

如果已經高三了，建議可以多刷題把題目中不會的單字查出來、背起來，這樣可以比較快累積單字量。每週都要計時寫一篇作文練習手感跟速度，如果有覺得很難記憶的文法或單字，可以嘗試用在每週練習的作文裡面，會比較容易記起來。

數學：搞懂錯題，比算更多題目更重要

筆者選組是選擇人文法政班群，數學也一直是弱科，這邊的方法可以幫助成績大約落在均標的同學衝上前標，但對於數 A 或者想衝上頂標的同學可能幫助就不是那麼大。

筆者自己在準備數學的時候一定會把觀念能背的先背熟，在寫題目時，會看完兩次題目後馬上判斷這題是完全會、可能想一下就會或完全不會，並分別標上不同符號。如果是完全會的題目，就一定要確保計算仔細不能粗心算錯，需要想一下的題目要規定自己一個時間內要想完（最好是五分鐘內），如果想不出來就要趕快跳過往下寫，完全不會的題目就不要花時間在上面，如果全部寫完真的有剩時間再琢磨。

而寫完題目後，寫錯的題目一定要重新算，把錯題搞懂比一

直寫新題還要重要！

接下來筆者想分享自己如何讀社會科。社會科的複習重點是將背科內容變成長期記憶。因此進入讀書方法前，先跟大家分享兩個記憶相關的理論，絕對會對於複習社會很有幫助：

費曼學習法

費曼學習法是當你在學習一段內容時，想像你必須要向其他人解釋或教學這段內容，這會讓你的學習由被動轉為主動。

筆者自己的應用方式是在第一次複習的時候思考，之後如果要解釋這一段內容要怎麼簡單呈現。透過這個方式先把一大段內容資訊簡單化，比如將重點列點呈現、做成心智圖等。再次複習的時候只看著課本上的小標題嘗試解釋給自己聽，解釋完之後再對照課本內容檢查自己哪裡沒有理解清楚或者漏記。

筆者認為這種記憶方式比較適合理解型的內容，也很適合透過這個學習方式跟朋友組成學習小組互相教學！

遺忘曲線

心理學家艾賓豪斯（德語：Hermann Ebbinghaus，1850 年～1909 年）提出的遺忘曲線理論簡單來說如下：當你接收了一些訊息，如果你沒有再次去記憶它，這些內容在你腦中留下的比例就會隨著時間遞減。換句話說就是「上完課之後不複習就會忘記」，這個概念很簡單卻很少人應用。

筆者自己得知遺忘曲線的概念後，開始應用在需要死記的內容，像是英文單字、歷史年代、各種名詞定義等。筆者會在每次複習完時評斷自己目前的記憶程度，分成「完全不熟、有點熟、精熟」，再針對每個程度設定不同的複習間隔時間，分別是一天、五天、七天，這些可以根據自己的記憶狀況調整。複習完之後就會在手機行事曆上標示下一次複習的時間，這樣手機就會在

下一次應該複習的時候提醒。

這個學習方式很推薦給跟筆者一樣需要通勤的同學，筆者一般會把需要背的內容存在手機裡，在通勤的時間複習這些內容，這樣就不會影響到其他複習進度。

製作筆記

至於要如何做筆記也是很多同學在讀社會科時會遇到的共同問題。特別是社群上自從開始流行「讀書帳」之後，網路上可以看到很多製作精美的筆記，但你其實不需要精美的字跡或表格也能做屬於自己的筆記！筆者將針對社會三科分別提供我在高中使用的電子化筆記法，讓你用手機／平板／電腦就能快速做出筆記。

筆記方法	適用科目	是否可用手機製作	是否可用手機瀏覽
Notion 字卡	地理、歷史、公民	○	○
心智圖	歷史	○	○
地圖圖解法	地理	X	X

1 Notion 字卡

Notion 是一款很強大、好用的筆記軟體，在手機、電腦都可以編輯，所以就算是用手機你也可以快速做出筆記！當然除了做筆記以外，在團隊管理以及個人日程管理上也都非常好用。這裡筆者先針對學習方面分享筆者的使用方法。此筆記法適用於背誦單一且較無脈絡的觀念內容（例如公民名詞解釋、歷史事件年代）。

在頁面上打上章節大標題（Heading 2）及章節小標題（Heading 3）後，使用 Toggle List 這個小工具整理觀念。筆者一般會將 Toggle List 的標題設定成一個問題，再將問題的答案打在 Toggle List 的內容中並收起，這樣就會變成字卡式的筆記了。

行政法

- ▼ 干涉行政

  行政機關為達行政目的，而限制或剝奪人民的自由或財產或課予義務或負擔

- ▼ 給付行政

  行政機關為達目的，而提供給付、服務、福利人民的措施

- ▼ 依法行政原則

  - ▼ 法律優位原則

    行政行為不可牴觸法律

    消極依法行政原則

  - ▼ 法律保留原則

    若無法律明文規定，行政機關不能做成行政行為

    積極依法行政原則

　　筆者一般都會用電腦打下筆記內容，在通勤的時候用手機瀏覽筆記內容。這個筆記方法除了省下手寫筆記的時間外，也可以充分運用零碎時間複習，非常推薦大家可以嘗試使用！

2 心智圖

　　筆者在複習有脈絡且內容細碎的觀念時，會用心智圖筆記來做綱要式的彙整（例如：歷史某時代的統整）。筆者以前因為手繪心智圖常常寫太多寫不下、線畫得很亂像在玩迷宮所以唾棄心智圖，但之後遇見電子版心智圖就完全改善這個問題！

　　市面上有很多做心智圖的軟體，筆者自己在高中是使用 Xmind 做心智圖。在這個軟體中可以自由調各個區塊的位置，打上筆記內容後軟體也會進行自動排版且會無限延伸，就可以解決位置不夠、一邊多一邊少的問題。

　　第一次複習時筆者會放大各個部分進行背誦，再次複習的時候快速重畫一次心智圖，確定有完整背下心智圖的內容。用心智圖複習可以比較有脈絡的背誦大範圍的觀念，大家可以試著把自己背不起來的內容用心智圖疏理一次！而 Xmind 跟 Notion 一樣

可以在任何裝置上操作，筆者一般是用電腦完成心智圖。

3 地圖圖解法

地理是一門兼具文字記憶與圖像記憶的科目，前面講了很多整理文字內容的筆記法，這段要來介紹地圖的筆記方法（例如各州國家地圖、農業分區）。筆者認為要記憶地圖相對位置的最佳方法就是多畫，不需要用描圖紙畫出很精確的地圖，只要畫出大概形狀再標出你要記憶的東西就可以了。

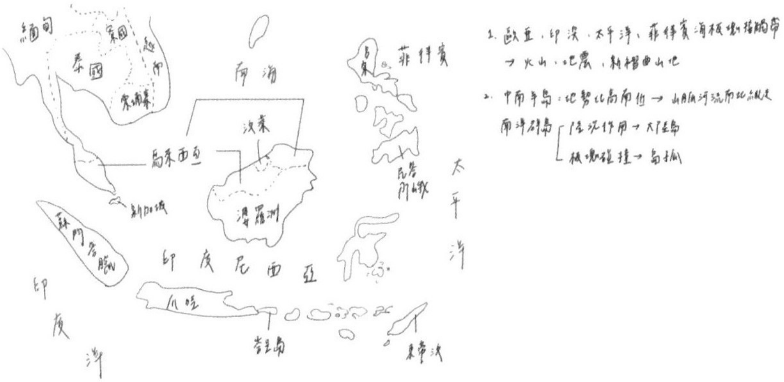

地圖圖解法可以簡單使用紙筆完成，筆者個人是會先用平板寫完後輸出在手機上瀏覽，等複習完再嘗試不看筆記直接在紙上畫出筆記上的地圖內容，這樣可以確保筆記上的內容都有進到腦袋裡。

筆者這邊也有個簡單的小提醒，不管使用哪種筆記方式，最重要的都是自己要學會裡面的內容。筆記只是輔助你記憶的工具，不是把筆記寫得很漂亮就是複習，最重要的還是之後不斷翻閱、記憶。

最後，各位同學讀書一定要記得：

1. 課本已經寫出來的內容一定要讀熟。

2. 養成寫閱測的習慣加快閱讀速度。

3. 用對學習方法可以讓讀書事半功倍。

4. 做筆記不等於學會。

5. 利用零碎時間不斷複習筆記達成長期記憶。

上述的讀書方法跟筆記方法不一定適用於所有人！大家一定要根據自己的狀況進行調整，找到適合自己的讀書方法，好的讀書方法才能讓你的學習更有成效。

克也：學姐，我聽說有一種升學管道可以只看段考成績就好？

小綾：對，叫做繁星，會採計你的學測成績與高中三年的成績排名。

小拉：那這樣豈不是每次段考都需要認真準備？我第一次段考就考爆了還有救嗎？

小綾：學弟學妹們不用太擔心啦，除了繁星之外還有其他的升學管道，之後你們班導師應該會向你們說明。但若是想從現在開始準備，可以依照我前面說的調整讀書方法，我回去後也會問問我哥當初是如何準備繁星的，他是校排 1% 錄取醫學系，真的很強！

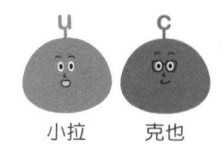

小拉 克也：真是太謝謝學姐了！

現在想繁星還來得及嗎？醫學系學長不藏私的繁星讀書計畫！

文／吳維臻，與國立成功大學醫學系陳如祐同學合作

繁星在每年三月放榜，除了第八類學群以外，不用繳交學習歷程、不用面試，用在校成績跟學測成績就可以成為最早一批上大學的人！但繁星真的這麼輕鬆嗎？你現在要開始努力拚繁星還來得及嗎？

本篇文章，筆者邀請到國立成功大學醫學系的陳如祐學長，跟我們分享他三年的繁星讀書計畫，如果你也想知道怎麼樣可以考到校排 1%，學長的經驗談你絕對不能錯過！

如果要使用繁星升學，段考成績會變得相當重要，但每一次都要考高分到底要怎麼做呢？學長提到準備段考有幾個最關鍵的技巧：

1. 老師教什麼就讀什麼。
2. 各科一定要平均完成不偏科。
3. 錯題一定要馬上搞懂。

段考考的東西很多都會從老師上課教的內容出，所以上課一定要仔細聽！做題練習的時候一定要先以老師發的題目、講義為主，有餘裕再去寫坊間的參考書，這樣你的準備才會吻合考試方向。

另外，學長也有提到絕對不能偏科，因為繁星一定要顧到各科成績，所以即便學長自己比較喜歡及擅長數學，但他也不會只讀數學，而荒廢其他沒那麼有興趣的科目。

最後就是錯題一定要馬上搞懂。學長覺得最重要的複習方式就是刷題，然而當有錯題時，他也會第一時間就去思考自己為什麼不會，然後馬上搞懂，下次盡量不要再錯。

雖然說讀書一定免不了會有一些天分的影響，但用對方法讀書對於後天努力來說真的很重要！學長也不藏私地跟我們分享他自己的各科讀書方法：

國文

學長提到，國文是他最不擅長的科目，因此他花了比較多的時間在提升國文的成績。針對跟他一樣數理很好，但國文比較不擅長的同學，學長建議大家一定要讀熟古文十五，文章裡每個字的字義都要弄清楚。另外，國文會有大量的閱讀題組，多寫閱測是最有效的方法之一，如果對國文的閱讀測驗掌握度愈來愈高，對於快速提升成績會有很大的幫助。

英文

英文最重要的是累積單字量，學長提到他自己會透過大量地寫歷屆，去背題目裡出現的單字，這樣可以更好地抓到考試的方向。另外累積單字量也能讓自己的閱讀速度提升，在寫作中也可以用到，所以單字一定是最基本且最重要的。

數學、自然

學長高中時就讀數理資優班，數學跟自然都是他比較擅長的科目。不管是讀數學或自然，學長建議大家可以先把該背的公式跟觀念背熟，如果背不起來也一定要知道這個公式是怎麼來的，這樣考試如果忘記才能推導出來。這兩科也是最需要刷題的科目，透過寫很大量的題目才能了解各個題型的變化，這樣在考試的時候才不會一直寫到自己完全沒想過的題目。

除了讀書之外，要準備繁星的話心態調適也很重要。相信每個正在拚繁星的同學們都曾經有很在意各種成績的時候，很怕自己哪一個成績沒顧好，最後的 % 數就會不盡人意，筆者同樣作

為繁星生，很能理解大家的這種心情！

學長從一開始進入高中就開始準備繁星，所以他在心態調適也有很多感觸及作法：

1 某科拿到低分就盡量用其他科目去補

繁星的成績計算除了學科以外，也會採計體育、美術、音樂等藝能科，這時要顧的科目跟面相就會變得更廣、更困難許多。學長分享到，他的學校體育老師分數都給得很低，他很怕會影響到他的總成績，所以他就透過拉高其他科的成績去補足，除了盡量把學科考高之外，也會盡量做藝能科老師出的所有加分作業。

2 幫自己分析問題，不要過度比較

高中至少會考十五次段考，再加上各種小考、模擬考，難免會有幾次沒考好的時候，當我們考不好的時候應該怎麼辦呢？學長跟我們分享他自己的作法：先幫自己分析問題，不要過度比較。

如果考不好的話，首先要先知道自己為什麼考不好，找出自己的問題之後再進行調整就可以了。另外也要去思考，「考不好」這個評價是你自己給的還是別人給的？說不定你其實已經比之前的自己進步很多了，但同儕之間的比較讓你忽略了這點。

3 不要執著於繁星

學長跟我們提到，他當時想要繁星是因為這樣可以多一個機會上醫學系，而不是「只要拚繁星上醫學系」。筆者也認為這樣是比較健康的心態，不要把全部都賭在一個升學制度上，例如同學們還是可以持續製作學習歷程，避免把自己絆在一個機會裡而忽略了其他的可能性。

「真正有能力的人不管用什麼升學管道都會上。」當時採訪

時，學長說了這麼一段話讓筆者覺得深有感觸。準備繁星其實是條漫漫長路，如果你可以撐過這三年，個人申請或分科想必對你來說也不會太難的！

總之，現在想要拚繁星絕對還來得及！跟著這五個讀書心法幫助你順利繁星上岸：

1. 段考考題很多會從課堂內容出，上課要認真聽。
2. 錯題一定要馬上搞懂。
3. 刷題熟悉各種變化題型很重要。
4. 某科拿到低分可以用其他科去補足，不用過度焦慮。
5. 不要太過執著於繁星。

謝謝陳如祐學長跟我們分享這麼多繁星的升學經驗，希望能幫助到正在努力拚繁星、考慮要不要拚繁星的你。

關卡 ② 學習歷程 檔案

趁著段考後課程進度壓力較小時，小拉與克也的班導──盧老師決定向班上同學介紹學習歷程是什麼。

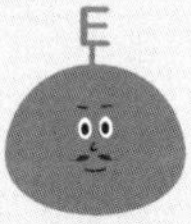

盧老師

上課鐘聲已經響囉，請同學們先回到各自的位置上！接下來我會透過幾堂課的時間，讓你們了解高中生恨得牙癢癢的學習歷程檔案該怎麼寫？

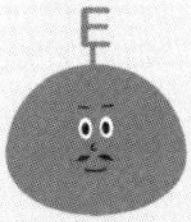

盧老師

首先，第一堂課，我們先來回顧前幾屆學長姐們在撰寫時遇到的問題。

（註：學習歷程檔案以下簡稱學習歷程）

不會製作學習歷程？不知道如何下筆？八個製作學習歷程的共同問題

文／莊雯玲，與 47 雲端輔導室合作

面對學習歷程這個新挑戰，同學們或許會完全沒有方向，又或者會聽到太多資訊，反而不知道如何下手。因此在開始詳細介紹如何製作學習歷程之前，先讓筆者來回答一些常見的共同疑問吧！

筆者經過表單調查後，整理出同學們在製作學習歷程時最常見的共同問題，分別是以下八個：

面對學習歷程, 遇到的問題

問題	百分比
教授喜好捉摸不定	25%
志向尚未確立	28%
沒有範本	11%
檔案大小限制	4%
製作時間不夠	3%
不清楚如何下筆	11%
學校老師不懂	7%
資訊少	2%

接下來，就讓筆者為各位一一回答！

1 摸不清楚教授喜好，無法投其所好

這個問題佔了所有回答的 25% 左右。相信大家在製作學習歷程時一定迷茫過，不確定什麼樣的呈現方式、什麼樣的內容才可以得到教授的青睞，只一味地聽老師或補教名師建議該如何製

作，也不確定到底對不對。

但其實學習歷程的重點並不在於「討好教授」，而是該如何呈現出自己的所學與收穫給教授看。各校系也會在 ColleGo! 網站上列出希望學生擁有的能力特質，因此只要你的歷程可以展現出符合科系需要具備的特質條件，就不用再花太多力氣去猜測教授的想法。

2 志向尚未確立，不曉得從哪方面下手

「志向尚未確立」佔了所有回覆中的 28%，是被提及率最高的問題。同學反應在高一、二尚未確立自己的志向，不容易製作與科系相關的學習歷程。

不過，同學們不用太擔心歷程的內容無法與科系的課程直接對應。大學端看的是學生的「能力」，換言之，你在歷程中所呈現的軟實力，會比「活動名稱、活動主題是否與科系相關」更重要。因此還沒確定志向的同學一樣可以放心地參加各式活動並製作成學習歷程，只要在歷程中明確呈現自己得到哪些軟實力，或是說明參加活動前後的心路歷程改變即可。

3 沒有範例可以參考，不知道該如何呈現

這個問題和第一個「不清楚教授喜好」有異曲同工之妙。老話一句，學習歷程的呈現重點並不在於「討好教授」或「符合某種特定的期待」，而是呈現出自己的所學與收穫，並且在檔案中展現符合該科系所需要具備的特質與條件。因此，學習歷程本身應該就不能存在標準範本這類型的東西，因為大家的呈現方式不同、學習和收獲到的東西也不同，但也因這些差異，讓每位同學的亮點都更容易被發現。

然而如果真的毫無頭緒，接下來本書也會針對不同類別的學習歷程，提供簡單的指引。不過，要記得學習歷程的製作沒有標

準答案，建議大家不要一味地抄襲學長姐的檔案呈現方法，就算想法與學長姐不同也可以勇敢地試試看自己喜歡的呈現方式。就像 47 老師說的，沒有所謂好的學習歷程，只有獨特的學習歷程。獨特才是大家所應該追求的終極目標。

4 上傳檔案大小受到限制

對申請設計學群或文史哲學群的同學而言，要把檔案大小限制在 4MB 內很有挑戰性。不過許多設計學群的校系都有另開作品集的收件方式，希望可以逐漸解決這個困境。各位同學也可以透過線上 PDF 壓縮工具，很有效地解決這個問題！

5 歷程製作時間不夠，來不及上傳

這個問題呈現出時間管理與安排計畫在高中階段都是非常重要的課題！只要分配好時間，利用學期間的零碎時間陸續製作，到期末時就不會因為時間有太大的壓力。不過如果真的來不及，建議可以先製作「課程學習成果」，因為這個類別過了期限就無法上傳，而「多元表現」可以累積到下一個學期再上傳，不過還是希望大家自己分配好時間，努力在該學期繳交完畢。

6 萬事起頭難，不曉得怎麼「開頭」

如果不知道怎麼開頭，可以先試著用一些有引導功能的學習歷程工具！例如「Lucker ——我的學習紀錄器」這款軟體中，針對學習歷程的每一個欄位都有引導文字，讓不知道怎麼下筆的大家能快速上手。

同學們也可以試著先想目錄，因為目錄可以成為整份歷程的架構，幫助你發想。如果不知道怎麼製作目錄，可以先畫一份心智圖，把活動寫在中間、思考自己做了什麼事情並畫到心智圖上。畫完後，把重要的項目打勾，就可以變成學習歷程檔案的小

標題了！有了這些小標題，開始製作學習歷程便不再困難。

另外筆者進行調查時為新課綱實施第一年，因此有些同學提到「學校老師不懂新課綱，無法提供實質幫助」，或是「新課綱的資訊較少，不明白新舊課綱差異」。然而這些問題到了目前新課綱實施一段時間後已逐漸解決，別的不說，這本書的開頭就已經詳細地跟大家介紹許多新課綱資訊和資源！

以上是製作學習歷程常見的問題，最後想對所有正在為學習歷程奮戰的同學們說，你們並不是白老鼠，而是臺灣教育的先鋒。打仗最重要的就是先鋒部隊，因為你們，臺灣的教育才可以更好。你們並不是被犧牲的一群，相反地，你們或許是獲得最多的一群。在做歷程的過程中，你們獲得的可能是尋找資源的能力、資料整合的能力、抗壓性，以及追求目標的能力。這些收穫都可以應用在未來的道路上，讓大家走得更順遂。

結束一整天疲累的課程，回到家中的克也正在複習上課的內容，翻到學習歷程課程筆記時，突然靈光一閃，想到萬能的 ChatGPT 或許也能用來製作學習歷程，於是跑去哥哥和也的房間問問他的意見。

克也

哥，你不是很擅長資工方面的知識與應用嗎？那你知道我可不可以用 ChatGPT 之類的 AI 工具幫我寫學習歷程呀？

哈哈哈，我親愛的弟弟跟我當初高一時想的一樣呢！所以我有實測看看，你想知道結果是什麼嗎？

和也

請幫我做份學習歷程！
ChatGPT 實測過程分享

文／工常張 Shawn

ChatGPT 的風潮燒到現在，你可能還沒談過戀愛，但一定聽過 ChatGPT。現在很多人都開始使用 AI 創作文章和圖片，AI 的使用情境也越來越多元。這時相信聰明的同學們已經想到，做學習歷程這麼麻煩，可以讓 ChatGPT 幫我做嗎？筆者為各位進行了一系列實測，答案或許會讓你意外。

筆者希望能透過自己的實測，來回答這個問題：學生可以跳過自行學習跟實作的步驟，直接用 ChatGPT 產生動機、過程、心得反思，並做成學習歷程檔案嗎？

這篇文章將以筆者較熟悉且很多同學會作為自主學習的「自學語言」為主題，請 ChatGPT 產生一份報告來概述我自學的過程與心得。之所以選擇我熟悉的領域去測試 ChatGPT，是為了能判斷 ChatGPT 回答資訊的正確性與準確度，並進一步判斷它生成的檔案內容合不合理。

實測一：產生學習歷程的內容大綱

筆者製作學習歷程檔案時習慣先設計目錄大綱，所以先請 ChatGPT 幫我生成看看。筆者在指令中輸入：你是一位高中同學，執行了一個自學西班牙文的計畫。請給我一份內容大綱，讓我能製作一份檔案，快速精準地向大學教授說明我自學的動機、過程、心得、反思。檔案不要過長。

比起直接使用「學習歷程」或「自主學習」這些 ChatGPT 不一定熟悉的新課綱專有名詞，筆者選擇直接告訴 ChatGPT 學習歷程檔案的讀者是誰（大學教授）以及檔案應該包含哪些部分

（動機、過程、心得、反思）。透過這樣的方法，筆者得到了很完整、只要稍做調整就可以使用的內容大綱。

以下截錄自 ChatGPT 的回覆：

I. **自學動機**

    A. 興趣：為何選擇學習西班牙文？

    B. 目標：你的學習目標是什麼？

II. **自學過程**

    A. 學習資源：你使用了哪些書籍、網站或其他資源？

    B. 學習方法：你是如何安排自己的學習時間？是否有特定的學習策略？

    C. 持續學習：你是如何保持學習的動力和持之以恆？

III. **心得與反思**

    A. 成就：你在學習西班牙文過程中達成了什麼？

    B. 困難與克服：遇到的主要挑戰是什麼？你是如何克服的？

    C. 反思：這次自學經驗對你有什麼影響？對你的學習方式、目標或興趣有何啟發？

IV. **總結**

    A. 簡要概括你的自學經驗和成果。

這份大綱蠻契合筆者高中時製作的版本，完整度也很高，經過幾次類似但主題不同的測試後，筆者認為 ChatGPT 在生成大綱這個步驟，有機會能提供同學一定的幫助。不過同學們依然需要自行進行檢查與優化，以這次生成結果為例，同學需要自行將所有主詞都改成「我」。

實測二：產生結果簡述與動機

接下來筆者請 ChatGPT 產生一段成果簡述，用來放在檔案最前面，跟教授快速說明我做了什麼內容。筆者輸入的內容如下：作為正在製作這份檔案的高中同學，請為這份檔案中「成果」的部分寫一段能概述所學與反思的簡述。這段簡述要能讓讀者大致了解檔案內容，並願意繼續閱讀。不要超過兩百個中文字。主詞用我。

ChatGPT 則給了這段回覆：「在自學西班牙文的過程中，我不僅掌握了基本的語言結構和詞彙，更深刻體會到了跨文化溝通的重要性。通過持續的學習和實踐，我能夠自信地與西班牙語社區交流，並且對不同文化背景下的溝通方式有了更深入的理解。這次自學經歷不僅豐富了我的語言能力，也培養了我的自律性和跨文化交流能力，為我未來的學習和職業生涯奠定了堅實的基礎。」

筆者認為測得的這段成果簡述並不夠好，因為沒有實際自學過語言的人也能寫出來，缺少了成果的數據化呈現（例如：檢定等級、字彙量等）以及個人經驗。因此成果的部分或許較難在沒有實作的情況下直接用 ChatGPT 來撰寫。

接著，筆者試著用 ChatGPT 生成一段自學語言的動機。雖然跟生成成果比起來，ChatGPT 生成的動機較為真實、可以被採用，不過同樣有較為空泛、缺乏個人經驗的問題。這方面或許還是得透過同學實作後才能補足。

實測三：產生學習過程說明

再來筆者試著在沒有任何實作的情況下，請 ChatGPT 代寫一段學習過程說明。測試得到的過程說明跟網路複製得來的文章沒有差異，對教授或我來說都很難有說服力，因為裡面多數內容

都不精確，很難讓人覺得有經過實際執行，更像是尚未開始學習的人對學習語言的想像。例如 ChatGPT 提到：「我發現了一些很棒的免費資源，這讓我能夠在家中自學，不受時間和地點的限制。」卻沒有提出使用了哪些免費資源。ChatGPT 也提到：「我發現對我來說，結合多種學習方式最為有效，因此我採取了多元化的學習方法。」卻沒有進一步說明究竟是什麼多元化的方法。

　　同學們可以透過追問稍微解決這個問題。例如詢問 ChatGPT：段落中提到使用免費資源，這部分是否可以更具體。ChatGPT 會為你列出許多網站、軟體及語言交流社群，然而 ChatGPT 針對這些資源的介紹並不是很清楚，不太像使用過的回饋，更像是介紹詞或廣告詞。因此本次實測的結論與上一次相同：若沒有實作經驗，仍難以補足 ChatGPT 缺少之處。

實測四：設計檔案標題

　　再來我請 ChatGPT 為檔案設計一個標題。筆者這裡請 ChatGPT 用行銷專家的角度去發想，希望能藉此增加標題的吸睛度。ChatGPT 針對筆者的要求，產生了幾個標題：

1. 「開啟語言之旅：我的西班牙文自學探索」
2. 「免費學習資源大揭密：西班牙文自學心得」
3. 「挑戰跨文化溝通．高中生的西班牙文自學歷程」
4. 「突破語言障礙：我的自學西班牙文心路歷程」
5. 「探索語言的奇妙世界：我在家自學西班牙文」

　　筆者還算滿意 ChatGPT 產生的檔案標題，只要稍加修改其中幾個版本就能直接使用。同學們若要進一步修改 ChatGPT 設計的標題，可以思考如何增加記憶點，或如何吸引審查委員點閱。

實測五：生成解決問題的實例

　　最後，學習歷程檔案最有價值跟辨識度的內容就在於「學習過程碰到的問題」以及「如何解決所碰到的問題」。筆者也很好奇是否能用 ChatGPT 生成一段解決問題的實例，來讓筆者加入到學習歷程檔案裡增加信服度。因此筆者輸入以下內容：「幫我設計一個在學習過程中遇到困難的情境，並詳細說明如何突破困難或解決問題，讓我能跟大學教授證明我有解決問題的能力，主詞用我。用高中生的語氣。」

　　ChatGPT 設計的情境是「無法理解文法規則」，這的確是很多人學習語言的一大阻礙，但 ChatGPT 的描述方法依然過於表面（有經驗者會覺得資訊不完整）。例如：西班牙文的文法規則有非常多，ChatGPT 卻只是空泛地以「在文法部分感到困惑」帶過，並沒有說明具體哪些部分遇到困難、為什麼遇到困難。ChatGPT 設計的解決方法同樣太過簡略，甚至有前後不一致、與困難點完全沒關聯等問題。例如：這是一份自學西班牙文的歷程，ChatGPT 卻在回覆中提到自己每天向老師和同學尋求反饋。

　　如果 ChatGPT 無法寫出能放在歷程中的解決問題實例，各位同學可以思考以下幾個面相：

1. 你遇到什麼樣的問題，對你的影響跟啟發最大？
2. 這問題對你的進度跟學習有什麼影響？
3. 是在什麼時機點遇到這個問題？
4. 你怎麼拆解這個問題，變成可著手的小步驟？
5. 你最後怎麼解決這問題？有什麼所學？
6. 你去哪裡蒐集或找到問題的解決方案？
7. 未來遇到同類型問題，你會怎麼改善解決流程，或避免發生？

根據上面幾點，你可以完整且有效率地提到碰到的問題，以

及怎麼解決，就不用擔心內容太過表面，跟 AI 生成沒有差別了。

以下是筆者的實測結果總整理：

測試項目	測試結果
設計檔案大綱	○
撰寫成果簡述	X
產生學習過程説明	X
設計檔案標題	○
產生解決問題的實例	X

實測用 ChatGPT 產生學習歷程檔案後，先回答本文開頭提出的問題：可不可以用 ChatGPT 製作學習歷程？筆者的答案是可以，但是沒有相關經驗的一般學生做不做得出來，跟夠不夠好就有待討論。筆者認為 ChatGPT 目前對學弟妹而言，最佳用法是改寫草稿，而非直接複製它產生的文字當內容。

筆者認為，只用 ChatGPT 做不出好的學習歷程，因為缺少一件事。不知道你有沒有過這種經驗：你無意間發現一個問題，想試看看能不能解決，便開始上網搜尋相關文章，計畫要學習哪些東西來解決發現到的問題，並開始一連串的行動來培養這些能力，最後達到你理想中的目標。之所以會說到這個，是因為我理想中好的學習歷程檔案的關鍵，正是 ChatGPT 生成內容缺少的，是「生活啟發，自發行動，實踐所學」這個脈絡。

如果能突然從生活抓到一個問題跟靈感，就會自主展開一連串學習跟實作，哪怕碰到挫折跟阻礙，對解決問題的憧憬和學習過程伴隨的成就感也會支持我們走下去。不過筆者測試一個寒假以來，ChatGPT 無法生成出這樣能讓讀者共鳴的學習歷程內容。

你可能會想：「那你幹嘛不在指令裡面說明學習目的靈感，跟你要的應用？你沒講它怎麼會知道？」

因為我認為真實從生活洞察出需求與靈感，並加以學習的人，不會以製作學習歷程檔案為最終目的而去用 ChatGPT，而是打從心底想親自研究跟累積過程經驗；反之亦然，只想做一份學習歷程檔案的人，並不會抱有這類明確的需求跟目的來操作 ChatGPT。雖然只用 ChatGPT 做不出好的學習歷程，但各位同學不妨用 ChatGPT 精修你的內容。我自己實測下來，每次請 ChatGPT 潤飾我寫的文字與標題，都會讓我有「對哦！原來還有這種選項」的感覺。

筆者覺得，已經自己實作、學習過的同學，可以在製作歷程的過程中利用 ChatGPT 取得修改的建議，也可以跟學校老師們的專業建議搭配，改寫出更簡潔、有參考價值、更能呈現自我所學的版本。

根據筆者的實測經驗，筆者認為使用 ChatGPT 做學習歷程有以下限制：

1. 初學者目前不能只靠 ChatGPT 學會一件事物，因為沒有清楚的學習架構也無法判別資訊是否正確。
2. 初學者無法直接略過實際學習的步驟就問出內容來做檔案，還是需要擁有一定背景知識，才知道如何下好的指令。

不過這不代表同學們不應該利用 ChatGPT 這項工具。ChatGPT 可以幫助學生去做創意發想、內容改寫、發散其他選項等用途，以下是四個筆者會建議學弟妹用 ChatGPT 時的原則跟注意事項：

- 與其用來提問有標準答案的問題，不如用來進行內容改寫等創意工作。
- 當內容涵蓋到專業知識時，另外上 Google 搜尋其他文章資訊，多方求證。
- 多研究對語言模型的提問方式，跟下 prompt（指令）的

技巧。

- 使用 ChatGPT 前先有自己版本的想法；使用完後，比對它的回答跟自己版本差異，以及它更好的地方在哪裡。

特別是最後一點，如果完全仰賴 ChatGPT 生成、改寫的內容，而自己沒有思考過就非常可惜，因為這變相是讓 ChatGPT 幫我們完成大腦思考的工作，對學生階段來說獨立思考還是很重要的。

最後，筆者認為，AI 科技跟衍生的工具當然會讓學生的工作輕鬆一些，也許有人覺得這會使學生努力的意願大幅降低。但筆者也認為成功的人依然知道該把心力繼續放在有價值、自己真正喜歡、更有意義的地方，而非把它當作不用努力的理由。無論是否有新技術，不願努力的人依舊會找到方法去逃避，而有決心的人依然會持續思考接下來的路在哪裡，科技只是加速拉大了彼此的差距而已，正如 Apple 執行長 Tim Cook 所說：「科技並不能改變我們的個性，它只是放大了我們的本質。」

身為一個曾熬夜做學習歷程、不知道未來該怎麼走的第一屆新課綱學生，筆者會說 ChatGPT 對高中生而言是提升能力、發散更多選項的優質資源與工具。這就好比 Google 剛問世時，許多大學老師也反對使用，現在卻鼓勵學生用 Google 找資料跟自學。只要學生保持開放的心態，抱有對某件事物的熱忱，並明白 AI 是協助學習跟進步的工具，而非交差了事的手段，那筆者也樂觀期待未來學弟妹們會用 ChatGPT 玩出什麼新心得。

（上文內容皆是針對目前版本——ChatGPT 3.5 的心得，並非對現有或未來任何 AI 技術輔助學生的心得跟評論。）

Chapter 2 在高中卡關了怎麼辦?

隔天早自習結束時,小拉與克也在討論昨天盧老師的學習歷程課程。

克也
> 小拉,我昨天回去之後有想到 ChatGPT 能不能幫我們製作學習歷程這個問題,然後我哥說⋯⋯

> 哇,原來如此,但我們花那麼多時間,教授真的會看嗎?

小拉

克也
> 欸,好問題,不過我也不知道答案是什麼,我們要不要一起去問盧老師?

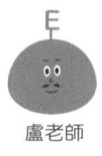

於是兩人來到了盧老師的辦公室。

盧老師
> 你們兩個可真是認真,正好我今天的課程就是要講這件事,關於教授是如何看待高中生的學習歷程,等下你們在課堂中認真聽,有什麼不懂的下課再來問我。

教授會不會看我的學習歷程？
大學教授現身說法告訴你

文／Lucker 編輯，與 47 雲端輔導室合作

新課綱上路後，不少高中生都會有些疑問，像是「大學教授會不會看我的學習歷程？」、「多元表現超過八百字有沒有關係？」本次筆者透過問卷調查，了解超過二十位大學教授們的看法，所有的第一手調查結果都會在本文幫你解析！

1 教授會看學習歷程嗎？

答案是：「會。」而且看得比你想像得多很多。

2 學習歷程系統的介面使用起來感覺如何？

71.4% 教授表示系統介面使用算友善。

這表示教授會更傾向深入去看學習歷程。此外，目前的介面設計中，檔案會分散在不同的位置，教授可以逐一去看他們想了解的部分。甚至有教授說，他們會邊做筆記邊討論同學的歷程，一份可能都花上一小時左右。所以那個「教授不看學習歷程檔案或者亂看、隨便看」的網路傳說不攻自破，大部分受訪的大學教授表示一定會看。

學習歷程系統的介面使用起來感覺如何？

● 很容易找到想要看的資料　　■ 需要花很多步驟才能點開想要看的檔案

3 您有注意學生是否上傳了貴系沒有要求的項目嗎？

高達 71.4% 的教授發現同學額外上傳的項目。

我們都知道簡章中有要求上傳的代號，但如果上傳了沒要求的項目會怎麼樣嗎？根據我們的調查，有高達 71.4% 的教授發現學生額外上傳項目。這對於花很多努力強化學習歷程的同學是個好消息。47 老師認為讓歷程產生「辨識度」，或說獨特性更佔優勢。

舉例來說，有一個建築設計學群的教授在臉書貼文分享：不要再畫石膏畫、透視圖、建築模型或混擬土模型，反而建議好好去探索自己的城市、讀相關書籍、找問題並解決問題，將這些過程記錄下來就好。

石膏畫、透視圖不是跟建築設計學群相關的作品嗎？為何教授呼籲不要做這些？這是因為大家選擇的主題相似度太高的關係，沒有展現個人的獨特性。

關卡 **2** 學習歷程檔案　　81

您有注意學生是否上傳了貴系沒有要求的項目嗎？

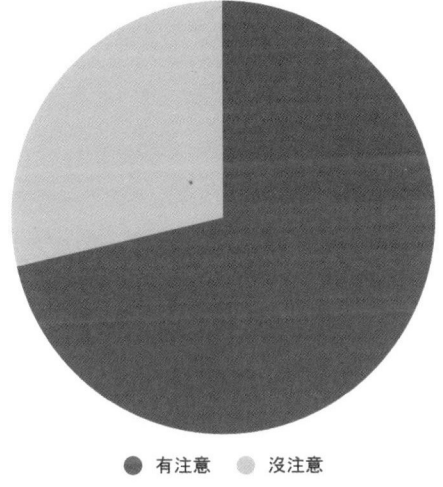

● 有注意　　◐ 沒注意

4 您有注意到學生多元表現綜整心得有超過八百字嗎？

有 61.9% 的教授注意到這個情況。

雖然不一定所有教授都會注意到字數超過，但心得寫得多不見得代表寫得好，太過冗長變成流水帳，反而失分；寫太少、沒有具體展現自己的特長與學習經驗，這份學習歷程就失去展現自己的機會。關鍵不在字數，而是用簡單扼要的文字敘述，輔以圖檔說明，精準表現自己學習過程的特色。因此還是建議同學盡量將內容濃縮在規定的字數內。

您有注意到學生多元表現綜整心得有超過 800 字嗎？

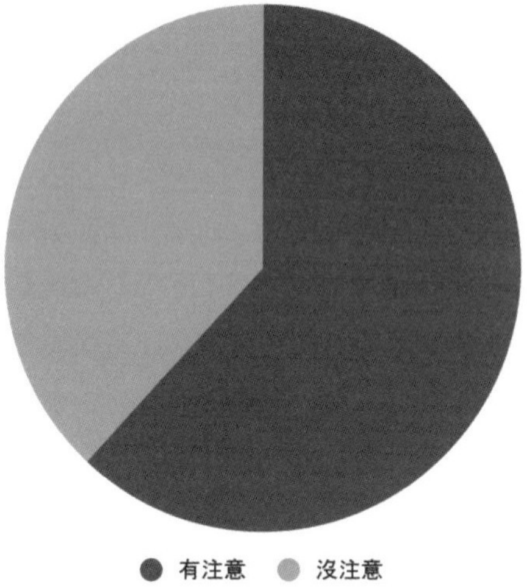

●有注意　　●沒注意

5 您優先想點開的項目是哪一個？

45％ 教授會先點開學習歷程自述。

學習歷程自述是讓教授第一時間可以全面認識你的檔案項目，簡單地說就是介紹你的懶人包。所以同學們一定要好好撰寫學習歷程自述！若是錯字滿篇，連標點符號都標錯，那第一印象就糟了。畢竟看你檔案的人，都經過嚴謹的學術與文字訓練。建議寫完後多給學校老師們看看，多獲取不同角度的建議。也建議不要直接套用學長姐的模板，會容易讓人對你的學習歷程失去興趣。

教授優先想點開的項目是哪一個？

● 學習歷程自述　● 多元表現綜整心得　● 修課紀錄　● 課程學習成果　● 多元表現

　　除了回答以上問題之外，教授們也加碼給了各位同學一些建議：

- 展現個人特色，強調獨特性。
- 據實描述過程中的學習與成長。
- 加強個人與目標科系的連結。
- 有條理及系統化的說明。

　　以上是教授們對於學習歷程的看法。青菜蘿蔔各有所好，要對教授的胃口可需要下點工夫，不過從教授們的建議來看，展現你獨特的那一面，可以說是最重要的第一指標喔！畢竟教授每年都要看上百份學習歷程，如果不夠特別，可就會淹沒在為數眾多的檔案之中！

84　Chapter **2**　在高中卡關了怎麼辦？

一晃眼，時間飛快地度過了兩個學期，來到了升高二的暑假，小拉與克也正為學習歷程忙得焦頭爛額。

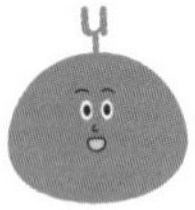

小拉

> 我想先從課程學習成果開始製作，之前盧老師上課好像有請得過獎的學長回來分享該怎麼寫，我去翻一下當時上課的筆記。啊，找到了……。

數學科課程學習成果的學習歷程怎麼做？讓得獎同學告訴你！

文／陳彥廷、編輯／子宵

編按：你是否在數學課做出了很亮眼的作業，卻不知道該如何把課程成果轉換成學習歷程？本篇文章邀請到拉力 POP 學習歷程徵件比賽的獲獎同學，跟我們分享他的學習歷程檔案製作要點！

（開始閱讀前，可先至 Lucker 雲端圖資館搜尋：弘文中學數學科課程學習成果，再看製作重點，會更能理解如何製作！）

首先，盡量不要使用模板或超強的排版軟體。這無非是設下了陷阱給自己，因為眾多檔案之中，教授如何看到你的個人特質與特色，就是從你的檔案中尋找蛛絲馬跡！再者，不需要長篇大論說故事，這個等到面試再來！而是簡單將你的所見所聞描述出來，以下是注意事項：

1 檔案以白底深色字為原則

大部分教授平常習慣看期刊論文，都有固定的格式，版面設計盡量簡單乾淨，因為重點是內容不是排版（除非你是藝術與設計相關學群）。

2 給他人檢查

寫完內文及排版後，都分別給老師、同學看過，且要求對方以專業標準評判，多參考客觀的建議可以幫助你做出更好的檔案。

3 可以幫忙畫重點

將自己想呈現給審閱教授看的重要事項標明。可以標示自己優越的表現，或者學習到的關鍵，這樣也可以幫助自己釐清整個檔案的思路與脈絡。

4 善用圖文

這點指的不是增加小 icon 或花俏的插圖，而是為了迎合人類的心理反應。人在看到一份文件時，會先注意到圖，再來是表格，最後才是文字。只要掌握這個原則，就能夠將檔案做到精簡且精美。不過也不要過度使用圖和表格，而是要確認做表格的意義是否比文字大，假如做成表格需要更多文字解釋，那不如一開始直接用文字呈現。有製圖能力者可以不使用別人製作好的圖，而是自行繪製，會讓教授覺得你不只是會構想，也是個能統整與表達的人。總而言之，排版上請遵守「重質不重量、視覺舒服＞排版豐富性」的原則。

除了要注意以上四點，也可以試著將跨領域的內容融入檔案。上課時有些老師會稍微「離題」。這時候可以試著聽聽看，說不定那些課外內容可以變成製作歷程檔案的題材，或是啟發你跨領域學習的契機。像筆者的檔案中有提到電影欣賞，就是跨領域學習的範例！

或者你可以像筆者一樣，因為家中詢問是否要補習，筆者找了一個自己喜歡的補習班去聽裡面老師講的內容，以及他補充的知識，有時真的是還滿有道理的！（不要學筆者！為了聽故事去補習啦！）網路上也有許多大學開放式課程或內容創作者都有提供還不錯的學習資源，所以學會自己上網尋找教材是個重要的技能！如果真的有心想找，不怕找不到！

以上是陳彥廷同學分享的小技巧與方法。最後，編輯為大家

統整一下陳彥廷同學的建議：

- 檔案以白底為原則，並搭配深色的內文。
- 請老師或同學以客觀角度給予評價與建議。
- 幫審閱老師畫重點，同時幫助自己釐清脈絡。
- 善用圖片與圖表，自製圖表還可以展現執行力。
- 可以利用多元方法進行跨領域學習。

相信各位同學看完這篇文章後，一定已經對如何製作自己的課程學習成果有了更多了解。接下來就是著手製作的時候了！

高中的第一個暑假，不能只是窩在家裡做學習歷程吧，於是小拉與克也決定約出來分享一下近況。

小拉： 天哪，我這個暑假每天都好忙，除了寫學習歷程之外，還參加了兩場營隊。

克也： 我也感覺快被榨乾了，我事先預習了高二的課業，發現高二的難度變好高，之後要更認真了。

小拉： 你已經很認真了啦，可以趁著暑假放鬆一下！

克也： 對了，我聽我哥說高二還多了探究與實作的課程，他最近也正為了這份學習歷程而苦惱。

小拉： 哇，好酷呀！那是什麼？

自然科「探究與實作」學習歷程如何呈現？第一屆 108 課綱學生告訴你！

文／莊愛玲

　　第一次聽到探究與實作課程總是讓人不禁疑惑這到底是什麼樣子的一堂課，甚至要加入學測考題中，更讓大家害怕。利用這篇文章主要想跟大家介紹這堂課程的目的、精神以及如何製作一份完整的學習歷程檔案。

　　探究教學（inquiry teaching）視學生為主動建構知識的探究者，強調科學探究精神，教師扮演促進者、引導者角色，透過有系統設計、豐富且開放性的學習任務，循序漸進提問，引導學生主動探索真實生活情境中的問題，目的在於培養學生具備獨立思考、問題解決能力與自主學習，呼應核心素養的理念。

　　111 學年度，全臺灣一百七十六所大學中有九十六所要求學生上傳「探究與實作成果」，包含臺灣大學、成功大學、中興大學、政治大學等等。換句話說，現行制度下，有超過一半的大學希望看見學生的探究與實作成果，可見其重要性。

　　每個高中的探究課老師教學方式、教學內容都不盡相同。有的老師希望學生從發現問題開始探究，並在中間帶入探究與實作課程的主要精神；有的老師會先規定一個主題／題目，再讓學生自行發揮剩下的部分。不過不論上課方式，同學都有機會在探究與實作課程中做出好的學習歷程。

　　下文筆者會和你分享製作探究與實作學習歷程應該包含哪些內容，並進一步說明這些內容如何製作。歷程主要需要包含七點：

（開始閱讀前，可先至 Lucker 雲端圖資館搜尋：自然探究與實作課程學習成果，再看製作重點，會更能理解如何製作！）

1 課程規劃時間軸

以筆者學校的課程安排為例，前十週是化學科探究實作、後十週是生物科探究實作。可以用一張圖表呈現出課程的安排方式。

若可以把每堂課的主要內容按照順序標註上去更好，例如儀器介紹、主題解說、實驗操作等等，更加詳細地告訴教授這堂課的學習重點。

2 課程內容

承接上一點的課程大綱，將老師對於這堂課程的主要教學目標記錄在這個部分，並摘要一些課程內容與方向。例如生物老師希望這堂探究實作課程是培養細菌，或是化學老師希望學生探究過濾水最好的方式等等。

3 實作主題解說

老師確定好整個課程的方向後，通常會要求學生訂定自己的主題並開始執行實驗規劃等。因此可以解說一下自己的主題，包含動機（找尋問題）、實驗方法、操作／控制變因……。

4 成果報告書

在課程的最後，通常老師都會希望同學們可以製作一份簡單的報告或成果書，並上臺分享。但如果歷程中只放上臺報告的PPT，會顯得有些不足夠、敷衍了事。若時間允許，筆者強烈建議製作實驗成果書，筆者當初選擇以成果書的形式上傳，授課老師都覺得成效不錯，推薦給學弟妹也這樣做！

5　課後省思

這邊可以寫下在這堂課程中遇到的挫折，例如因為考慮不周全而導致實驗數據無法使用，或是實驗未規劃充分導致實驗進行過程不順利。將這些反省寫下，並進一步期許自己往後能夠培養什麼特質，以避免同樣的狀況發生。

6　課後心得

寫下在這堂課程中的所學，例如軟實力、特定技能，也可以利用這個部分特別強調自己的特質。如果已經有目標校系，在寫這段時可以試著加深自己與校系的關聯性會是一個很好的作法。

7　附件（實驗紀錄簿）

最後，筆者覺得整個探究與實作課程最重要的是實驗紀錄簿。本來只是校內老師要求撰寫，但後來筆者也意識到實驗紀錄簿的重要性。它記錄了整個學期的實驗數據、實驗結果、實驗過程等等，是一個呈現歷程再好不過的方式。

以上是七個自然探究學習歷程的內容建議。最重要的原則就是詳細、保留過程，透過實驗紀錄本記錄所有課程的足跡會是筆者最推薦的方式。希望看到最後的大家都可以順利完成！

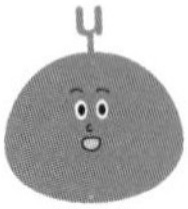

小拉

啊，我想到了，前幾天和直屬莉莉學姐聊天時，她也說她正在與探究實作學習歷程奮戰中。原來不只自然組的學生有探究與實作，社會組也有。

關卡 ❷ 學習歷程檔案　91

社會科「探究與實作」學習歷程如何呈現？四大架構、一心法告訴你！

文／吳伊晴

　　社會探究做了一學期卻不知道怎麼變成學習歷程嗎？感覺社會探究沒有報告產出就沒有成果可以放？如果你有以上疑惑，筆者將在這篇文章裡告訴你各校社會探究常見的類型以及如何將它轉換成學習歷程！

　　目前高中社會探究與實作課程大致分為兩種類型：

❶ 專題報告型

　　這類型的探究與實作課程中，老師通常在學期初會讓學生去擬定這學期想做的專題報告主題並規劃進度，通常限定製作主題為該學期教授內容的延伸。老師會利用社會探究上課時間與學生討論、追蹤製作進度並適時給予協助。

　　以筆者上過的公民科探究實作來說，當時老師主要教授經濟課程，因此筆者的專題報告以經濟課程為基礎，延伸撰寫「蝦皮店到店線上到線下的研究」。

❷ 學習單佐成果報告型

　　有些老師不會要求同學產出整學期的專題報告，而是透過每週一個小主題、一張學習單、一個小實作的模式去帶領學生學習，最後期末可以將這一學期所累積起來的數據（學習單），統整為一個成果報告。

　　不論課程是哪一種形式，製作學習歷程最重要的心法都是：保持記錄的好習慣。

　　以學習單佐成果報告類型的探究與實作為例，每堂課老師通

常會藉由學習單帶領你們記錄各種數據跟重點，甚至是透過實際測量的方式讓你了解某個重要概念。由此可知，這些學習單、測量數據將會是你期末是否可產出成果報告的關鍵因素，因此上課跟上進度，下課好好整理並複習學習單非常重要。

那如果我是做專題報告類型的探究與實作，要記錄什麼呢？

筆者認為此類型課程要著重安排目標及每週、每月進度表，並將各種一閃而過的想法或是看到的資料記錄下來。專題報告的類型相較學習單類型有彈性，也因此更需要自己規劃進度排程與時間規劃，並自動自發查找資料跟記錄靈感。許多「想法」就是一閃而過，有時還會因為想不起來而懊惱，因此筆者會建議你隨身帶小冊子或是用手機備忘錄來記錄！

完成紀錄後，許多人會有疑問：「只要把所有的學習單跟最後的成果報告上傳，就可以成為學習歷程嗎？」筆者認為這種作法不是最好的。因為只上傳學習單跟成果報告只能看出你的學習成果，無法知道你透過課程有什麼軟實力的提升，或是有什麼反思與心得。

筆者認為一份完整的社會探究與實作學習歷程應該具備以下四大架構：課程內容重點摘要、心得反思、歷程紀錄、照片與描述。

1 課程內容重點摘要

在這一段你可以簡單闡述課程核心內容，這樣做可以讓教授快速掌握這門課的核心主題跟概念。

2 心得反思

筆者認為心得反思可以擺在整份檔案的前半部。因為教授在看學習歷程檔案時，最想了解的一定是你在這個課堂過程中學到什麼，而心得反思正是在寫這一塊的內容。如果教授先看到心得

反思，便可以先了解你的學習收穫、遇到困難如何解決、反思與改進等核心內容。而接下來的歷程紀錄與照片描述則會成為這一段的輔助，前後呼應構成一份完整的歷程檔案。

3 歷程紀錄

這裡指的歷程紀錄是將你平常做的小紀錄重新整理並抓出重點，強調所有與「你」有關的部分。在這一段裡，你可以放整學期的時程規劃表、重要學習單、成果報告重點等等。若是小組分工，則可以著重撰寫你所負責的部分，去突顯自己的價值。千萬不要將平時做的紀錄直接複製貼上，這樣就成了流水帳，讓教授眼花撩亂！

4 照片與描述

在實作、分組討論及上臺報告的課程中，可以請同學幫你拍照做紀錄，但記得照片要以你為主角，若有許多人一起入鏡，要在照片中把自己標記出來。而且筆者建議要為照片加上文字描述，例如放入小組討論的照片後，可簡單說明當下討論內容與結論。

5 分工表（小組作業時）

若有小組作業，筆者建議列出分工表，尤其要寫清楚你負責的部分。這麼做可以讓教授知道你在這個團隊裡的角色。

6 附件（有成果報告或專題報告時）

最後，你可以附上你的報告全文。若教授對你前面描述的心得或是歷程紀錄有興趣，就可藉由附件去做更深入的了解。

最後，筆者想告訴大家，課程學習成果類型的學習歷程，想要突顯的就是你在上課時所學習到的東西。因此，只要認真跟上

老師的進度以及勤做紀錄，在學期末你就會發現要將探究與實作做成學習歷程並沒有很難，因為你已在學習過程中將該有的素材收集好了。學期末你所需要做的只是將這些素材加以整理並抓出重點，再加上自己的學習心得，便可以完成一份具有完整架構的學習歷程。當期末看到別人都在趕工學習歷程時，你絕對會很感謝平常努力的自己！

結束了與克也的聚會後，小拉回到家中繼續趕工學習歷程，她已經完成課程學習成果了，接下來是多元表現。

小拉

之前寒假完成的小論文報告，應該很適合作為多元表現的題材，但該怎麼把這份報告變成一份吸睛的學習歷程呢？

小拉

嗯……我已經盯著空白頁面半小時了，卻什麼也打不出來，不行，去問問看莉莉學姐吧，我記得她對於學習歷程很有一套。

小論文學習歷程怎麼寫？
五分鐘一次搞懂！

文／吳維臻

寫了這麼久的小論文卻不知道怎麼把它變成學習歷程？大學教授說不要上傳小論文是真的嗎？筆者在本篇文章中會跟你分享我如何將小論文製作成學習歷程，也會分享筆者在撰寫小論文使用的小撇步，讓你輕鬆用五分鐘解決這些疑難雜症！

在分享寫學習歷程的步驟之前，我們先來簡單回顧寫小論文需要注意的幾項重點：

小論文主題怎麼選？

寫小論文的第一件事就是選題。選題聽起來簡單，事實上卻要考量許多因素，也會影響之後的研究方向，所以訂出一個好的小論文題目非常重要！

筆者根據個人的經驗以及指導老師的建議，統整了一個好的小論文題目需要有的三項特點：「對研究主題非常有興趣、題目研究範圍不能過大、針對研究題目有自己的見解與想法」。過去筆者在做小論文的時候，就有被指導老師指出題目過大、每一個小主題都可以獨立成為一篇小論文的問題，所以選題的時候需要多加注意。

如何決定研究方法？

在選擇小論文使用的研究方法時，要先記住小論文的研究方法會隨著研究的主題以及提出的問題假設有所改變，也就是說研究方法沒有絕對的好壞之分，取決於你需要什麼樣的資料，而在決定研究方法時可以著重思考「如何得到我需要的求證資料？」

了解需求之後，接下來就要選擇研究方法，小論文最常用以下三種研究方法：文獻分析法（進行大量的資料搜尋，並進行彙整歸納分析事件原因、背景、影響等）、訪談（針對個案進行訪問，透過互動問答進行資料的比較與彙整）、問卷調查（透過發放問卷統計大量數據並對問題進行分析）。研究方法有非常多種，筆者這邊只舉了高中小論文最常使用的三種方法提供給大家參考，實際上應該使用哪種研究方法一定要跟指導老師討論！

內文怎麼引用資料？怎麼寫才不會抄襲？

小論文比賽最忌諱的就是抄襲，那我們應該如何引用資料才不構成抄襲呢？根據中學生小論文比賽的引註格式，只要有提及或參考就必須引註，若要引註中文文獻，需要以「姓名（出版或發表年分）」的方式呈現，而英文文獻須以「姓名（出版或發表年分）」或「（姓名，出版或發表年分）」呈現，且均須列入「陸、參考文獻」中。

撰寫小論文時如何找資料、如何使用資料是很重要的，這邊提供筆者當時找尋資料的方法：

1. 維基百科內的引用資料列表。
2. 搜尋「主題關鍵字＋論文」。
3. 到中學生網站上參考研究相關主題的小論文使用的參考文獻。
4. 在論文資料庫做查詢。
5. 從已經參考的相關論文找其他可以使用的論文資料或實體書。

要找到大量可引用的資料，最好用的方法是用資料去找資料，當你選到一個適合使用的論文後，透過參考該篇論文的參考文獻，可以比較快的找到自己需要的內容。

以上是針對製作小論文的建議。至於小論文做完後，是否應

該將整份小論文直接當成學習歷程上傳呢？前幾年新聞指出，大學教授說不要再上傳小論文當作學習歷程，但其實這裡的「不要再上傳小論文當作學習歷程」是指「不要再上傳只有小論文的學習歷程」。教授期待同學能製作成一份包含心得反思、解決問題的過程等其他內容的完整歷程檔案再上傳。至於要如何製作，讓筆者一步步教學吧！

（開始閱讀前，可先至 Lucker 雲端圖資館搜尋：歷史探究實作——探討冥婚中的性別不平等，再看製作重點，會更能理解如何製作！）

1 製作一頁式摘要

在撰寫學習歷程時，筆者都會在最前面寫一頁式摘要，讓瀏覽者在一開始就可以了解我的學習歷程大概有什麼內容及精華。

我會將以下幾點放在一頁式摘要中：

- 小論文摘要。
- 研究動機。
- 個人負責工作。
- 學習收穫。
- 心得與省思。

在一開始就提及教授們最在意的部分可以讓你的學習歷程比較容易被看見哦！另外大家也一定要記得，既然是一頁式摘要就要把內容控制在一頁以內，每個部分盡量濃縮成三至四句才不會顯得太過冗長。

2 從團體作業突出個人貢獻

不管是小論文或者其他的團體報告，在撰寫學習歷程時一定要謹記這是你的學習歷程，不是小組的成果報告，所以撰寫的焦點一定要聚焦在你個人。這也是為什麼在一頁式摘要需要撰寫個

人負責工作的原因，必須要在一開始就讓瀏覽者聚焦在你在小組中做了什麼事。

另外也建議在學習歷程中標示個人實作／團體實作，如果是團體實作可以在段落最後標示你負責的部分。而為了要可以明確寫出自己負責什麼工作，過程中的紀錄以及明確的分工非常重要。筆者個人會建議將小組的小論文或報告的工作分配清楚，這樣除了內部不會有權責不清的問題，在學習歷程呈現上也會更加清楚。

前述內容的意思也不是說不要撰寫合作相關的內容，而是要強調「合作方法」時再說明合作的內容，其他部分可以突出個人貢獻為主。

3 只細講重要的研究部分

小論文的研究內容這麼多，真的需要全部寫進去嗎？其實完全不需要！筆者在撰寫小論文時，我們小組有分配每個人研究的小主題，所以在製作學習歷程上我就只挑了自己研究的部分來撰寫。

我也會去多加描述可以突出我自己的地方，這部分如果大家不清楚哪裡是自己做得比較好的地方，可以主動去詢問指導老師，當時也是因為指導老師告訴我他覺得我做得不錯的部分我才知道哪裡是我的亮點，所以非常建議大家可以去詢問老師！

4 小標題總結段落

幫你落落長的段落取一個統整性的小標題吧！例如你們現在在看的這篇文章，筆者也都會幫各段落下簡單的小標題，為的就是讓瀏覽者可以比較快知道這段在寫什麼？是不是他想看的內容？

在下小標題時，筆者想提供幾個小撇步：

- 統整段落重點。
- 加深對段落的印象。
- 把隱藏在其中的亮點寫出來。

透過小標題可以讓你的學習歷程更有組織性，也能讓教授對你的學習歷程比較有印象！

最後再為各位同學統整一次小論文學習歷程的重點：

1. 對研究主題有自己的見解且範圍不過大。
2. 思考「如何得到需要的資料？」再選擇研究方法。
3. 遵循正確格式進行引註避免抄襲。
4. 將學習歷程的精華濃縮成一頁式摘要。
5. 學習歷程聚焦在你個人的負責部分與學習收穫。
6. 研究部分僅需提到你個人的研究或者比較重點的研究部分即可。
7. 亮點統整型小標題讓你的學習歷程更突出。

撰寫小論文絕對是場硬戰，給所有在小論文的水深火熱中的同學們一個抱抱，希望本篇文章能提供你們在撰寫小論文及小論文學習歷程上一點方向！

小拉

原來如此，謝謝學姐。那想再問學姐，我最近參加了兩場營隊，獲得了許多新想法與知識，想趁現在記憶還熱騰騰時趕快寫成學習歷程檔案，但一樣不知道要怎麼寫才比較好？

沒問題，我也參加了很多次營隊，寫了許多相關的歷程檔案，可以把製作的技巧分享給你！

莉莉

營隊學習歷程怎麼做？全面性架構與範例分享，輕鬆搞定它！

文／吳伊晴

每年寒暑假，就是高中生參加各種營隊的好時機！但該如何將這個寶貴的經驗寫成學習歷程？本篇文章裡筆者會告訴你參加營隊時可以做哪些事情達成加分效果，以及營隊學習歷程撰寫的架構和重要心法。

參加營隊時，除了要好好認識新朋友、沉浸在整個活動氛圍以外，也要記得隨時做一些可以幫自己學習歷程加分的事情。以下是筆者每次參加營隊時，都會努力去做的兩件事：

1 隨時記錄、拍照、錄影

筆者自己就有慘痛的例子，我第一次參加了一個五天四夜的營隊活動，整個過程我都覺得我學到很多東西、認識很多朋友、也很積極參與。但當活動結束、要製作學習歷程時，我才發現我沒有照片或影片可以佐證自己真的很投入在這次的活動裡。儘管營隊通常會有工作人員負責幫大家拍照，但是因為人數眾多，不可能每張照片都有你，而且角度跟畫面也可能不是你想要的。

因此，筆者推薦你在參加營隊時，可以自備隨身小本子、手機備忘錄或是用前面推薦過的 Lucker App 內建的記錄功能隨時記錄；同時你也可以請同學、朋友、工作人員，幫你在團體討論、上臺發表等能夠突顯特質能力的時機點拍照、錄影，這些都將會是做學習歷程的好素材。

2 勇於舉手發言

在營隊中，免不了需要討論及發言，但是常常講師或是隊輔

詢問：「有人可以說說你的想法嗎？」大家卻默不作聲。這時如果你願意舉手發言，不僅能獲得一次訓練口語表達的機會，同時也能為自己爭取拍照機會。

接下來針對營隊學習歷程架構，筆者會逐項來講解內容撰寫的心法。

1 標題以及目錄頁

目錄頁可以讓教授或審閱老師快速地了解整份學習歷程的架構。你可以先做出目錄來輔助架構段落；如果你不想因預訂架構而限制到內容發揮，也可以最後再製作此頁。若你有餘力的話，可以多製作目錄超連結，讓教授只要點選段落標題，就能跳轉到該段落，而且打開 PDF 檔案時旁邊也會有目錄欄位，能夠讓他們更有效率地閱讀你的檔案！

2 營隊基本資訊背景

這裡筆者會建議你在學習歷程的內容提到以下三點：

- 營隊的核心內容與價值。
- 參加營隊的動機與期望。
- 營隊證書或參加證明。

前兩點的撰寫心法在於寫出「關鍵字」，你可以使用列點或是段落的方式，簡明扼要地概述整個營隊的重點以及你為什麼要參加這個營隊？你期望在裡面學習到什麼？

3 營隊中的重要過程

這一個段落的寫作心法在於將重點聚焦在「你」身上！千萬不要用流水帳的寫法，把活動流程從頭到尾交代一遍，而是應該要將重點放在「你在這個營隊裡面做了什麼」？例如：透過照片或影片，搭配文字描述，呈現你勇於發言或是積極參與團隊討論

的畫面。這樣子的作法可以強烈表現出你的積極和表達能力，讓教授對你留下印象。同時筆者也會利用紅色的圓圈，將自己標示起來。

4 反思與心得

這邊會建議內容包含以下兩點：

- 你所面臨的挑戰以及你如何克服？
- 你參加完營隊學習到什麼？獲得什麼啟發？

上面列的兩點其實不免俗的就是每個學習歷程指引都會建議你可以寫的東西，但是要如何寫得不同，這才是重點！

筆者認為這兩點要寫得好，關鍵在於加入個人觀點和感受，這樣可以使文章更具個性還有深度。在描述你所面臨的挑戰時，可以透過舉例的方式，例如：描述活動過程中遇到的心理壓力及團隊衝突、你如何調適自己、用什麼樣子的心態或是採取什麼應對策略去接受新挑戰。在心得方面，你也可以透過舉例強調你個人方面的成長，例如：因為 XXX 事情，我學習到 XXX 新知識，也提升了我 XXX 的能力，並且解釋培養這些能力給你帶來什麼影響。

5 未來展望

在這個段落裡你可以用這兩點作為核心：

- 你未來將如何應用或增強你在營隊裡學到的能力？
- 經過這次營隊後，有沒有你想要深入探討的部分？你會怎麼做？

大多數的人學習歷程都會以反思與心得作結，這個營隊的價值也就在你的心得中告一段落。但若你能夠加上未來展望這一塊，可以讓教授知道，你的學習並不會在營隊結束後就停止，而

是因為在營隊裡獲得啟發、學習到有用的能力，讓你更有動力想要繼續在相關領域探索。

營隊活動對於高中生來說是寒暑假很難忘的經驗，也因此，把每一次營隊經歷轉換成學習歷程，是保存這一段有意義的時光最好的方法，同時也能為自己在升學的道路上，增添精彩的一筆。

最後，筆者再帶你回顧一次把營隊經歷做成學習歷程的撰寫心法吧：

- 整篇重點聚焦在「你」身上。
- 透過舉營隊中實際例子佐證。
- 只講重點不要寫流水帳。

小拉

呼！忙了那麼久，總算把學習歷程都做完了，接下來只剩下上傳了吧，終於可以放鬆出去玩了！

此時小拉打開上傳的網頁時，卻發現事情有點不對勁。

小拉

等等，為什麼還有一個百字簡述的欄位⋯⋯這邊要怎麼寫才好？啊，我記得盧老師上課時有說過這部分，我再去把筆記本翻出來看一次。

學習歷程的一百字簡述怎麼寫？
超實用三步驟作法與範例

文／子甯

你知道上傳學習歷程時，需要寫一份一百字的內容簡述嗎？一百字簡述不只是上傳檔案時的必填欄位，更是讀者對學習歷程的第一印象。寫得好的話，還可以帶給整份歷程加分的效果。因此，好不容易做完一份學習歷程，最後上傳前，一定要用心把一百字簡述寫好！

不過，到底要怎麼寫出好的一百字簡述呢？一份吸睛的一百字內容簡述應該包含哪些內容？今天，就讓筆者告訴大家，如何利用三個步驟，快速寫出一份有加分效果的一百字簡述。同時筆者還會附上一些範例給大家參考。所以如果你也有以上疑問，或是正為一百字簡述所苦，不妨試著照這三步驟做！

讓我們直接切入正題，筆者的萬用一百字簡述架構是：

1. 第一句：描寫事件內容。
2. 第二句：個人所學或體悟。
3. 第三句：事件延伸的未來展望。

一百字內容簡述的欄位有字數限制：不是至少一百字，而是至多一百字。所以大概寫三句內容完整的句子就會達到字數上限。這三句話筆者建議大家可以用上述的架構分配，不過具體要怎麼寫呢？

第一句：描寫事件內容

首先，第一句話有點像學習歷程的產品介紹。以中性的用詞，告訴讀者「你做了什麼」。其中內容可以包含時間、參與者、活動（或課程）名稱與性質，活動（或課程）內容，如果有

明確成果的話也可以提及。

例如：高一我參加校內辯論社，代表社團參加針對 XX 議題的 XX 辯論比賽取得佳績。其中，提到「高一」能讓讀者快速明白你完成這件事情的時間點。明確的主詞「我」或「我與組員」、「我與隊友」能讓讀者知道參與者有哪些、是否為團體活動。「參加辯論社 XX 辯論比賽」的部分能讓讀者知道該在這份歷程中期待看到什麼。最後如果有獲獎也可以點出來，讓讀者對於你在這份歷程的活動中的表現有所期待。可以直接寫出「獲得第一名」、「獲得最佳發表獎」等。

第二句：個人所學或體悟

讓讀者大概了解事件內容後，我們要想辦法用第二句話來提高這份一百字簡述的層次。這時，就可以點出你在這個活動中有哪些體悟或所學。所學的部分可以是很具體的技能，例如背完五千個英文單字、學會織勾針毛線等，也可以是更廣泛的個人能力成長，例如變得更有領導力、更有抗壓性、更有應變能力等。體悟的部分則可以是一個想法，例如「更加確定我對 XX 科系的喜愛」、「發現自己對手工藝的熱忱與專長」、「了解到幫助弱勢的重要性」等。

體悟跟所學不一定都要提及。如果你有很多能力成長卻沒有特別的體悟，就著重描寫所學就好。重點是要誠實表達，不要在寫作時加入自己實際上沒有學到的東西。不過兩者至少要提到其中一個，比較能寫出吸引人的一百字簡述。以剛剛參加辯論比賽的例子來說，第二句可以這樣寫：過程中我學到溝通協調與發表能力，更對 XX 議題有新發現與想法。如此一來，讀者就可以明確知道，這個活動帶給你什麼。

第三句：事件延伸的未來展望

最後一步驟就是要加入對未來的展望。這也是一百字簡述的亮點。畢竟這段文字的讀者是大學教授，是未來會與你有交集的人，因此讓教授知道未來的你想做到什麼，會比高中的你在做什麼更重要。如果前一句話的體悟是「更加確定對 XX 科系的喜愛」，那未來展望就可以點出你打算做什麼事情來往目標科系邁進。如果所學是變得更有領導力，未來展望可以提到你預計將這樣的能力應用在哪些地方。

延續剛剛辯論比賽的例子，第三句話可以寫：「未來我想利用這些技能，挑戰成為領導者，我也計畫繼續關注 XX 議題，期待能貢獻心力。」這樣加起來剛好只有一百字，卻能涵蓋許多內容，也能讓讀者對於你在這份歷程中的成長有所期待！

如果看到這邊，你還是不太確定怎麼下手寫出屬於你自己的一百字簡述，可以看看更多的範例再開始動工！以下筆者將針對課程學習成果與多元表現，各利用上述的步驟寫一段一百字簡述，給各位同學作為範例參考。

課程學習成果的部分，筆者以英文課製作報告為例：

英文課時我製作了介紹異國文化的十五分鐘口頭報告（第一句：描寫事件內容）。透過製作報告，我對古希臘文化有更多認識，也學會精進英文發音與用字（第二句：個人所學或體悟）。完成報告後我更加確定想就讀文學相關科系，繼續探究古希臘文化，也不斷提升英文報告能力（第三句：事件延伸的未來展望）。

多元表現則以很多同學會遇到的報考英文檢定來示範：

高二時我利用自主學習時間自學英文，並順利取得多益 900 分（第一句：描寫事件內容）。經過這次備考，我不僅更擅長時

間規劃、安排計畫，也明白自學的重要（第二句：個人所學或體悟）。因此未來我計畫繼續自學語言，為就讀外語學群的科系做準備，也培養終身學習的能力（第三句：事件延伸的未來展望）。

以上示範希望有讓各位同學更清楚如何運用筆者推薦的架構。接著，三步驟都做完了之後，我們還有辦法讓自己的一百字簡述更好嗎？其實同學們還可以做兩件小事來精修你的內容簡述。這兩件事分別是：刪減贅字與唸出來看看。

刪減贅字：不是寫到九十九字就比較好

一百字簡述顧名思義，重點是要精簡。因此不是寫到九十九字甚至壓線一百字就一定比較好。如果你能用更少的字數，清楚表達相同的意思，那絕對是更好的。刪減贅字時，我們要注意：

1. 是否有一些事情被重複提及？
2. 是否有些內容、想法可以用更精確的字來表達？

回到辯論比賽的例子，我們來看看該如何修改呢？在筆者為辯論比賽寫的一百字簡述中，XX 議題重複出現三次。若是該議題的名字很長，就會佔用很多字數，因此第二次、第三次提及時，就可以直接稱呼它為「該議題」、「此議題」，或是換個說法。這類型的小細節是各位同學寫完一百字簡述後可以再回頭思考的。透過問自己上面提到的兩個問題，就可以做到刪減贅字。

唸出來看看：我的讀者能看懂嗎？

最後寫完後，同學們也可以把自己寫的一百字簡述唸出來看看。通常長時間閱讀後，會比較難看出書寫上的盲點。這時候如果可以換一種感官刺激，改用聽的，比較容易發現問題。

想像自己是不知道歷程內容的讀者，你有辦法透過這個一百

字簡述，對這份歷程有基本的認識嗎？你看得懂這段一百字簡述想表達的重點嗎？如果以上兩個問題的答案都是肯定的，那麼恭喜你完成了一段好的一百字簡述，可以上傳歷程檔案了！

最後筆者想告訴大家，不管是在求學階段還是未來的職場，推銷自己的能力永遠都很重要，而寫一百字簡述其實就是一個很好的練習。透過一百字簡述，你能推銷你做的歷程檔案，讓它變得更有吸引力。因此學會寫一百字簡述不只能用在上傳檔案，更是練習未來也會需要的自我推銷能力！希望各位同學看完文章後都有找到撰寫一百字簡述的方向，也祝大家製作歷程檔案順利。

已經完成學習歷程的克也去小拉家作客，這時小拉寫完了百字簡述，正準備上傳。

> **克也**
> 小拉，你先等一下，你這篇檔案還有很多錯字耶，在確定上傳之前是不是要先檢查一下哪些地方還需要修改？

> 那你能告訴我確切要注意及檢查哪些地方嗎？我怕我會有遺漏的部分。
> **小拉**

學習歷程做完後到上傳前的五步驟，帶你檢查自己的學習歷程！

文／子甯

不知道各位同學是否曾經參加過學習歷程健檢相關的活動呢？這種類型的活動通常會由專業的老師或學長姐為同學檢查歷程內容後給予建議。但這種類型的活動通常設有人數限制，時間上同學也不一定能夠參與。因此如果能自己在家快速檢查學習歷程內容，那一定是更方便的！今天筆者就要來教大家如何在家以五個簡單的步驟，自己完成學習歷程健檢。

以下五個步驟都不困難，卻很容易在製作過程被忽略，因此如果能做到，一定能有效率地讓歷程檔案變得更好。

1 檢查開頭、結尾

首先，檢查學習歷程的開頭與結尾是最重要的。開頭會影響讀者的閱讀意願，結尾則會影響讀者對這份歷程留下的主要印象。因此就算已經檢查過整份歷程，在最後提交前，還是建議各位同學加強檢查這兩個部分。

檢查開頭與結尾時，可以注意以下三點：

1. 互相呼應：頭尾若有互相呼應能讓人更印象深刻。同學們也要注意，是否有開頭時提出的問題沒有在結尾時被回答？開頭時提到的動機是否有在結尾時延伸說明？是否有些開頭提到的重要想法，忘記在結尾時強調？

2. 錯字：寫開頭時，很多同學可能還沒進入狀況。結尾則是最後可能已經很疲勞時做的。因此這兩個部分最容易出現錯字或錯誤的用詞，一定要再三檢查。

3. 刪除不必要資訊：開頭與結尾有別於中間的事件描述，

更仰賴同學的文字能力與敘事能力。簡單來說，這兩個部分更需要鋪陳與包裝，但也因此更容易出現不必要資訊。同學們可以再次思考，自己的開頭與結尾是否都與歷程本身有重要的關聯性。

確認完這些事項後，開頭與結尾的部分大致上就檢查完了。接下來就可以進行下一個步驟，檢查整份歷程內容是否具體、是否有抽象的用詞。

2 內容是否具體、是否有抽象的用詞

同學們在寫心得反思時，很容易用到較為抽象的詞。例如：「在這個活動中我獲益良多」、「有了這次辦活動的經驗，我成長許多」、「因為善於日文，我認為我有學習語言的天賦」。以上句子看似沒有問題，但仔細一想，都有很多模糊、容易誤會或令人不解的部分。

像是「獲益良多」，到底是學到了什麼？「成長許多」又是哪些部分成長？你定義的「善於」日文，跟教授的「善於」一樣嗎？在沒有後續說明的情況下，如果讀者看到這些句子，就只能用通靈的了，根本無法了解你想表達的情況。因此如果發現自己有類似的用詞，記得一定要加上更具體說明。你可以在「獲益良多」後加上一句話，具體說明有哪些能力或心態的改變。也可以用檢定等級，或用「能與日本人流利對答」、「能閱讀日文書籍」等標準，來定義「善於」日文。

3 結尾是否連結未來展望

接下來，還要檢查你的歷程是否有連結未來展望。這部分比較容易出現在歷程的結尾，不過如果你認為過程中有某個部分很適合提到未來展望，也可以融入歷程內容。

為什麼一定要連結未來展望呢？因為閱讀你的歷程的人，可

能是你未來的大學教授。他要選擇的人是未來的你，而不是做這份歷程當下的你。因此讓閱讀者知道經過這個事件後，未來的你想做到什麼，會比單純提到你當下做的事情更重要。

而具體而言，要如何做到連結未來展望？你可以提到，這份歷程中的經驗，成為能啟發你後續學習跟生涯探索的重要關鍵。這裡的「後續學習」、「生涯探索」可以代入與你想就讀的科系有關的東西。例如：「參加這次文學獎，讓我明白自己還需要繼續精進寫作手法，因此未來我將持續參加文學課程。」或是：「參加這次文學獎，讓我更加確定未來想成為一位作家。」有了這些與未來的連結，一定能讓你的歷程含金量更高！

4 是否質大於量

下一步就是要檢查整體而言，你的歷程是否質大於量？

與其上傳很多含金量不高的學習歷程，不如挑出三到四件你認為做得最好的作品，把它們精修過後再上傳。要記得最後上傳至大學端的歷程有更嚴格的件數限制（從高中三年上傳的所有檔案中選擇十件多元表現和三件課程學習成果），所以不需要每個學期都將學習歷程上傳滿。

5 不要太謙虛、選詞不要過於溫和

最後則是注意自己的選詞是否過於溫和。雖然常聽到謙虛是美德，但當你在製作要交給大學教授的備審資料，千萬不能太過謙虛。否則對方如果沒辦法從備審資料中看見你厲害的部分，就不可能會選擇你了。

你可以直接點出自己的優點與強項，甚至有些同學會在自述中列點呈現自己的專長。雖然這樣看起來或許不是那麼謙虛，但與其讓教授猜你有什麼能力專長，還是直接講清楚比較好！

總結上述，檢查學習歷程的兩大重點就是再次確認頭尾，以

及確定教授在閱讀的過程中不用通靈你想表達什麼。頭尾可以著重檢查是否呼應？是否有錯字？是否有關聯性不高的資訊？以及是否連結未來展望？而要確定教授不用猜測你的意思，則要檢查是否有太抽象或太溫和的用詞？

　　以上五步驟是同學們可以自己完成的。但若時間允許，還是建議同學們可以給老師、學長姐或其他同學看看，並蒐集大家的建議做參考。升學路上有許多人願意提供幫助，一定能讓你準備得更順利！

～～～～～～～～～～～～～～～～～～～～～～～～～～～～～～～

小拉：耶！這次是真的弄完學習歷程了～暑假快要結束了，我們也就這樣不知不覺即將成為高二生了呢！

克也：對呀～想當初高一時，有過無數次的迷惘與困惑，我未來到底要做什麼工作？要念什麼科系才好？

小拉：真的，看到班上的同學都在努力參加各種活動，心中總是會疑惑，自己這樣做到底是否正確？

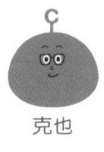

克也：幸好，當時有去找盧老師談談，老師也告訴了我該如何找到志向，雖說現在也不是很確定是否該走這條路，但至少不像高一剛進來時那麼不安了。

Chapter 3

不只是學生，
也是正在學習生活
的青少年

關卡 ③
找到自己

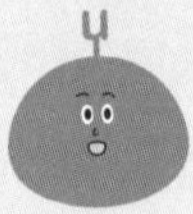

小拉
原來盧老師有跟你分享找到志向的方法！感覺我也很需要呢。可以跟我分享盧老師講了些什麼嗎？

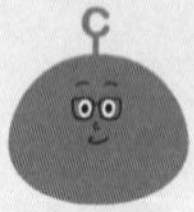

沒問題！當時我覺得很有幫助，就有把盧老師跟我講的內容記下來，你看！
克也

高中生如何知道自己的志向在哪裡？
回顧你的過去找靈感！

文／Amanda Chien

做學習歷程不該是痛苦的事情，而是尋找志向的過程。各位同學可以把製作學習歷程想像成從生活中找尋自己喜愛的事物，是一瞬間的成就感也好，是一段樂在其中的回憶也罷，這些小小的拼圖，都能成為生涯探索的重要基石！

不過除了製作學習歷程之外，高中生還可以如何探索自己的志向呢？本篇文章中，筆者將跟大家分享確定目標與志向的SOP！

第一步：熟悉各科系、學群、職業人才特色

這一個步驟旨在當你完成一些人生里程碑抑或僅是一些生活碎片，你都能更有效率的辨別自己成長了「什麼」並且連結到「能力」再進一步延伸至「職業與科系」。本文會提到有哪些工具可以幫助你摸索生涯道路，請務必看到最後！

第二步：回顧你的成長過程

人的個性與能力並非一朝一夕養成，其中的一點一滴、聚沙成塔，無非都是在成長過程中被挖掘、激發、培養，因此回顧求學過程所經歷的種種，包括考試、競賽、合作、人際互動等等，對於認識自己都是相當快速又重要的媒介。

第三步：將自己做過的事分類

統整、歸類並非只應用於資料技術，將第二步所回顧的經歷，從所獲之能力、成長幅度、對自己的意義、對未來的影響等

角度切入與分類成若干種，將各種經歷與回憶歸類建檔，會使你在思考未來志向時的思路更加清晰。

第四步：幫自己貼上能力標籤

先聲明：「不是幫別人貼標籤，是自己！」這裡提到的標籤不是一般認知的偏見與簡單化，亦不是那種會侷限自己能力的畫地自限，而是像打遊戲時每個角色都會標示自己的強項、buff（讓角色短暫增加能力）、絕招，進而使玩家更有效率地運用角色，發揮比較利益。同理於個人，大家都必須知道自己的強項、弱項，而更加清楚什麼該表現、學習、爭取、強化，在思考什麼更適合自己的時候，就可以快速又準確地做出決定！

以上聽起來或許相當抽象，接下來我會提供個人在志向尋找過程中運用以上 SOP 而比同齡人更早明白目標的真實故事，願各位高中生們都能在上大學前，找到自己的心之所愛！

都說小時候的家庭教育、學校生活會形塑一個人的人格特質，回想看看，小時候的你在做什麼？小學時期，導師發現了我愛表演的天性。從第一次參加才藝比賽表演相聲開始，直到畢業，不管是即席演說、說書人比賽，還是擔任活動主持人與朝會司儀，在這些大大小小的比賽與表演經驗，一雙雙眼睛注視著我，除了自信、完美地完成，也曾忘詞過、出糗過，因為那強烈的落差感，使我發現自己喜歡掌聲、喜歡表達完自己後的那一刻成就感、喜歡挑戰自己從生澀到熟練的過程。

在這個階段可以觀察到自己有以下特質與能力：

- 喜愛挑戰並跨出舒適圈。
- 表演與表達能力。
- 外向，喜歡與人接觸。
- 注重成就感。

國中時，筆者亦擔任司儀與參加演說比賽，然而影響我最大

的學習經驗莫過於參加「北區四城市中小學學生專題寫作比賽」與科展並擔任組長，這些參與經驗培養了我的領導能力、學習架構化思考、建構問題解決能力、嘗試科學方法的運用。同時間參與多項比賽並兼顧學業的過程，不乏崩潰與自我懷疑，然而這些沮喪卻不放棄使我有更強大的抗壓性。

在這個階段可以觀察到自己有以下特質與能力：

- 喜歡組織、領導人群。
- 架構化的思維脈絡。
- 批判性思考能力。
- 喜歡解決問題。
- 喜歡面對困難、調整心態，再慢慢解決的過程。

這些能力與興趣的發掘，會自然而然地引導自己到正確的道路。

例如我國三時，得知了扶輪社為時一年的國際交換學生計畫，對於一個正在準備會考的考生，或許是一個值得考慮與猶豫的決定，但對我而言，因為從小不乏同時間完成不同目標並承受壓力的經驗，喜歡挑戰的我，不怕崩潰，也不怕未來是否會失去掌控，我只知道這是一個成長機會，所以我便毅然決然的申請，而最後這段交換旅程也成為我人生中最重要的一塊拼圖。

再例如因為深知自己相當喜歡表達、問題解決、組織人群，高一時，我也毫不猶豫地接下了本校校園民主週的總召工作，主題選定冷門卻值得討論的娼妓合法化議題，從籌劃、準備、執行，這些過程使我更認識自己，也更加相信自己對於想要改變社會不平等之現象的熱忱。

在這段旅程裡，我發現唯有遵從自己內心所做出來的決定，才會義無反顧並樂在其中，而由這些學習過程所產生的學習歷程，才能像張名片般，反應自身人格特質。

另外，每個大學網站基本上都會附上課程地圖等，會在那裡

簡述其學生須具備之核心素養，以臺大政治系公共行政組為例，其需要具備的人才特質為：

1. 民主學養。
2. 國際視野。
3. 了解及參與公共事務。
4. 獨立思考與理性批判。
5. 政策制定與執行能力。
6. 組織管理能力。

看完之後，可以看看自己具備什麼，缺少什麼。擁有更加豐富的背景資料，絕對會成為自己目標探索的一大助力。抑或是去1111 或 104 等徵才網瀏覽各大職業人才特色，雖然不用急著鎖死未來的職業，但也可以參考看看自己適合哪個類群與方向！

除了以上 SOP 之外，還有幾個可以讓你在日常生活中找到自己的興趣的作法：

觀察生活中的情緒——你今天開心或生氣了嗎？

情緒不僅僅是生理上不可控制的反應，更直接表現你潛意識的喜好。你可以從簡單的「當我在讀化學時我很煩躁、當我在讀公民時我興致勃勃」，明確地辨別喜惡；也可以觀察自己會在哪種狀態產生哪種情緒，來判斷自己是個怎樣的人，進而擁有更多資訊，引導自己發掘志向。

你的好勝心會在什麼時候出現？

我從小就有異於常人的好勝心，因為強大的求勝心態，養成我如上所述的完美主義跟抗壓性。此種心態並非與他人比較進而批判他人，而是一個必要存在的，是能夠深知自己不足並逼迫自己成長的驅動器。

我觀察在哪些場合我會對自身表現的優劣產生情緒波動，為

以下三種時刻：

1. 表達、論述。
2. 擔任團體中領導角色。
3. 路見不平之時：了解到或看到一個群體遭受不平等對待時。

當對一件事情有自我期許，就代表你對那件事有熱忱，也正是所謂興趣，則從這三點出發，終會走上最適合自己的道路。

什麼狀態會讓你感到煩躁又難耐？

有些人在很明確的領域，會感受到很強烈的厭惡感，不過用這樣的情緒辨別喜好有好有壞。好處是砍掉不必要的探索步驟，是個很快速的捷徑。壞處是會有一竿子打翻一船人的可能，畢竟每一個領域或選擇都是立體的，抑或是與其他領域有重疊的部分。

就以我不喜歡自然的例子來說，我一直對科學研究一竅不通，但不代表我在做科展的過程毫無樂趣、一無所獲。在過程中我學到多層次的思考模式、架構化的論述能力等等。如果一開始因為不喜歡自然，而一概否定這個機會與可能，我是否就不會知道原來我的腦袋也有適合自然的部分？

所以，當自己討厭某件事物時，應該要更仔細地分析，調整批判的範圍，更加細節地去檢視，我因為什麼而討厭？這樣就能減少自己忽視其他發展可能性的機率。

最後筆者想告訴大家，生涯探索是一場實驗，不要停止懷疑與嘗試。

所有的決定都會有一個因果脈絡，高中三年，我們必須做很多關於自己的決定，例如選社團、選班群、選校系，而這些選擇的依據，能夠只單靠小時候的興趣嗎？或單靠父母、家人的職業？還是自己的學科能力？這些理由是否略顯單薄？因此高中三

年，應該要依循著既有的興趣所向，多方面進行嘗試，同時也不要忘了懷疑自我，就像做實驗一樣，反覆驗證，最終的選擇才不會盲目又毫無根據。

我有一句很喜歡的話，送給大家：「人生之美，在於過程的繁複詭奇，在於書寫的這版本雖有做不了主的架構，卻也有做得了主的段落。」──簡媜《誰在銀閃閃的地方，等你》摘錄。

或許我們永遠不知道什麼是最好的選擇，因為我們不能站在未來看現在，只能站在現在看過去。我們目前能做的只有將這些段落充實，期盼在未來回首之時，看見一個自己滿意的架構。

小拉

所以這就是你高二選擇三類組時尋找志向的方法嗎？

克也

對，不過除了參考自己過去的經驗，關於選班群這件事我也有去諮詢盧老師，他告訴了我幾個選擇的建議與學長姐曾經的經驗。

高二班群怎麼選？社會組真的不能選？學姐高中選班群經驗告訴你

文／吳維臻

還是高一學生的你，或許正在煩惱高二班群該怎麼選吧？雖然聽過輔導室的升學講座，但還不確定自己的志向為何？或是想讀社會組，但跟家人的意見不一樣？

本篇文章學姐會介紹高中四大班群，以及自己就讀人文法政班群的經驗，另外還邀請了其他學姐做轉班群經驗的分享，讓你對選班群更有方向。

高中四大班群：

（以下班群分類為景美女中 109 學年之規定，各校班群分法不同，可能會分為三到五個不同班群。同學們除了參考學姐的經驗，也要留意學校規定！）

	人文法政班群	財經商管班群	資訊理工班群	生物醫藥班群
學測考科	國、英、數B、社	國、英、數A、社	國、英、數A、自	國、英、數A、自
分科考科	地理、歷史、公民、數乙	地理、歷史、公民、數乙	數甲、物理、化學	數甲、物理、化學、生物
18類學群	法政、外語、大眾傳播、社會與心理、藝術、文史哲、教育、遊憩與運動	財經、管理	資訊、工程、數理化、建築、地球與環境	醫藥衛生、生命科學、生命資源、社會與心理
特色	必修科目數較少、有較多時間進行課外探索	相對人文法政班群數學較難	唯一有程式設計課程、一般會準備 APCS	唯一會學習選修生物的班群、課程範圍廣跨考其他班群較容易

而高中班群要怎麼選呢？你可以從這四個面向了解適合自己的班群：

1 興趣量表

在高中選班群前，會進行興趣測驗，一般都是使用大考中心所設計的「興趣量表」。透過興趣量表可以讓有明顯偏好差異的同學知道自己的興趣類型，進而將結果作為組別以及大學科系選擇上的參考；而對興趣偏好不明顯或興趣不穩定的同學（各項都很高分或各項都很低分）可能就無法作為有利的參考依據。針對興趣偏好不明顯的同學，筆者會建議先以刪去法的方式刪掉比較沒興趣的領域，再針對其他領域進行深入了解。

2 學科優劣勢科目

在選班群的時候，我們也能將自己的學業表現作為判斷依據。假設你對特定領域還沒有明確的興趣，但在學習理科或者文科時能為你帶來成就感，而這份成就感也能成為你讀書動力的情況下，透過優劣勢科目來選班群會是一個好方法！

那成績偏向社會組，但想讀自然組可以嗎？在選班群時，我們可能也會遇到「我的成績偏向社會組（或自然組）但想選自然組（或社會組）」的情況。若是興趣很明確，且你願意為了考上自己興趣相關的科系而去加強你的弱科，那你可以毫不猶豫地選擇你興趣偏好的組別。弱科可以用後天努力進行補強，但沒興趣的科目不會因為你「努力喜歡」而變成你的興趣。

而各科成績平均該如何選擇？筆者自己在高一時各科成績都很平均，所以在選班群時也有了幾分猶豫，我個人最後是透過我有興趣的領域去回推班群。各科成績表現平均也表示你在各個班群都能有穩定的發揮，不管怎麼選擇都沒有需要補強弱科的負擔，這也會是你選擇上的優勢！

3 大學學系課程

　　班群的選擇跟大學科系息息相關，大學的學習會專精在某一領域上，所以了解各科系的學習內容對於選班群與大學科系是非常重要的。

1. ColleGo!：可以直接查詢校系，了解該校系的課程、教學目標、需要的特質能力等等，資料大多都是經過統整後的內容較好快速理解。

2. 大學校系課程地圖：在搜尋欄位打上「XX 系課程地圖」就可以找到該校系的網站提供的課程地圖，一般包含教學目標、核心能力、課程等等，可以從這幾個項目衡量該校系是否真的是自己想要的。

3. IOH 開放個人經驗平臺：可以參考就讀該系的學長姐以及教授的經驗分享，讓你進一步確定自己是不是真的喜歡這個科系。

（在查詢課程地圖時要注意，課程名稱不能完全代表學習內容，建議可詢問已經在就讀的學長姐會比較準確。）

4 對未來職業的想像

　　小時候我們一定都有寫過「我的夢想」這篇作文，對大部分的人來說，這正是自己第一次對未來想從事的職業有了初步的想像。而到了高中選班群時，我們也可以透過對職業的想像來選擇班群！

　　在 ColleGo! 上可以看到各科系最大宗的未來出路，透過瀏覽各科系的未來出路你也可以了解自己比較偏好哪些科系，再從自己偏好的科系回看需要就讀哪個班群才能學習到該校系檢定的考試科目，以此作為選班群的依據也是一個不錯的選擇。

　　許多高中生在面對班群選擇時，除了有自己的興趣及優劣勢

科目考量下，也會面對到父母與老師對自己的班群選擇有不同的看法與意見，這時有良好的溝通策略顯得非常重要。

我們可能在溝通的一開始就會因為自己的沒耐心導致無法達成有效溝通，這時把長輩當成要面試你的大學教授會是一個不錯的方式！角色身分的轉變往往會改變我們對待他人的態度，我們可能會對父母不耐煩，但絕對不會對要面試自己的大學教授不耐煩對吧。

針對溝通說詞的部分，了解自己的選擇原因是第一步，也是非常重要的一步！比如很多長輩對於社會組的擔憂是未來出路不確定，在溝通的時候你可以從你選擇這個班群的原因帶到未來規劃，讓長輩了解你的選擇並佐證「為何選擇這個班群對你的未來有幫助」？

再者，我們不能一味地要求長輩接受我們的想法，我們也應該聽聽看他們對我們的選擇有什麼樣的疑慮，並且針對他們的疑慮有耐心地給予適當的說明與回應，這樣較容易使雙方達成有效的溝通。

講完如何選班群，筆者想以學姐的立場跟你分享當時選擇人文法政班群的心路歷程，以及實際選擇後筆者自身的想法。

筆者當時的狀況是，雖然很清楚自己要選擇社會組，但因為不確定未來會不會對商管相關科系有興趣，所以在選擇財經商管班群與人文法政班群之間有了些許猶豫。當時筆者先研究了兩個班群相對應的科系，直接看哪些是自己會想上的課，而哪些是絕對不想上的，透過喜好程度區分開來後，筆者發現自己的喜好偏向人文法政班群的相關科系。

另外，筆者評估自身的學習狀況在數學上是屬於比較劣勢的，如果選擇難度較高的數 A 會加重學習負擔，而當下對商管類科系的興趣程度沒辦法支撐學習負擔較重的數 A。與其去學習更困難的數學，筆者認為拿這些時間去提高自己的文科成績會是

比較有利的選擇。

除了興趣與學習狀況方面的考慮外，課外活動經驗也佔了筆者高中生活很大一部分，筆者認為人文法政班群對我個人來說學習壓力較小，可以有比較多餘力去充實個人課外活動經驗。

回想起遞交選班群確認表的當天，班導在看了筆者的選擇後把我叫到講臺前，再三跟確認筆者是不是真的要選人文法政班群，到現在筆者都還記得很清楚老師給的警告：「那都是沒有在念書的人選的。」

當時聽了老師這番話後，筆者開始思考班上的讀書風氣對我個人來說是不是真的那麼重要？自己能否堅定想達到的目標而不被外在影響？後來跟其他老師、父母及朋友討論後，加上我自己的評估，筆者認為自己對想達成目標的渴望，已經可以超越身邊環境的影響，到了就算交不到朋友也沒關係的程度（某方面來說有點偏激了）所以還是選擇了課程比較符合自己需求的人文法政班群。

最後筆者使用上面提到的長輩溝通心法明確地跟班導說明自己選擇的理由，並表示自己也有思考過很多之後，班導也就比較放心地認同筆者做的決定。而回看高中三年，我後悔了嗎？筆者在人文法政班群待了兩年後可以跟大家說：「完全不後悔！」

一開始選擇人文法政班群正是因為它的課程安排讓我有比較多時間進行課外探索，而現實狀況也的確有符合我的期待，高二時我能在社團兼幹、製作 Podcast 節目的情況下，同時維持學業成績在類排前 3% 正是因為這樣的時間彈性。

人文法政班群涵蓋的領域多元，因此能認識不同領域專長的同學，在與這些同學交流的過程，我也能從中了解很多不同的觀點，讓我在看待事情的角度能更全面一些。如果跟筆者一樣是非常喜歡認識各種各樣的人，並願意互相切磋琢磨的同學，也非常歡迎你選人文法政班群！

然而，因為人文法政班群對部分同學來說就是「比較輕鬆」的班群，所以班上也會有部分的人只是因為這裡比較好混就選了。另外也會有比較專注在自己領域專長、比較少關注課業表現的同學，所以讀書風氣的培養相比其他班群來說比較不容易。若是非常在意班上讀書風氣，並且這會很影響你的讀書狀態的話，建議你在選擇的時候可以再斟酌一下。

再來就是針對志向不明確的同學，非常不建議你選擇人文法政班群，如果未來你找到自己的興趣，就讀人文法政班群會使你在轉班群、選其他領域的科系上相較其他人吃力很多，這部分也是需要多加考慮的點。

而如果真的想轉班群怎麼辦呢？本篇文章邀請網站的另外一位編輯學姐跟我們分享她從自然組轉到社會組的經驗，提供給正在猶豫要不要轉組的學弟妹參考！

當初學姐在高一選班群時，其實就因為要選自然組還是社會組思考很久，最終她考量到自然組其實也會教到社會科，如果可以兼顧的話，這會使她在學測或者分科上有比較多科系選擇的機會，因此最後選擇自然組。經過一學期的努力後，學姐發現自己無法如預期一樣兼顧如此多的科目，也發現自己在自然科上即使很努力成績依然沒有起色，因此萌生了轉班群的念頭。

以下是學姐在轉班群上想要提醒大家注意的部分：

1. 注意轉班群所缺少的修課學分。

2. 多問、多看、多聽。

首先，轉班群可能會因為學校的課程安排，使你少修某些課程學分，像是學姐就遇到少修一學期的歷史學分、多修一學期國防的問題，因此就必須靠自學去補足因為轉班群而沒上到的歷史課程。

另外學弟妹在轉班群的時候，一定要多詢問學校的老師有關轉班群的注意事項以及建議，多看班群的課程地圖，如果可以的

話也能去問問校內有轉班群經驗的學長姐，多方了解轉班群可能對自己帶來的影響，確認自己未來想要的是什麼，便能更好地判斷自己是不是需要轉班群。

最後為各位同學破解一些選班群常見的迷思：

成績不好才選社會組？

過去有許多人認為成績不好才會去選社會組，或者像前面提到我的班導認為那都是「不念書的人」選的，雖然多少會有不認真的同學導致讀書風氣沒那麼好，但我也有認識很多人是真的對人文法政很有興趣才選擇這個班群，而他們也都很積極地學習，所以並沒有說成績怎麼樣的人就一定要選什麼班群。

換言之，你應該思考自身的強項科目跟領域是什麼？並抱持著「要在相對應的班群中發揮、強化自己優勢」的心態，而非逃避某某學科而選某班群。

自然組一定比較有出路？社會組以後都會被人工智慧取代？

能不能找到工作應該取決於你的能力如何，而不是你選的組別！社會上總會有「自然組薪水比較高、比較多工作機會」、「文史哲科系學的東西都沒用」等等的聲音出現，甚至到了我們這個世代，我們還需要思考是否會被人工智慧取代的問題。

就筆者的觀點來說，雖然有標準作業流程的行政類工作可能有一天會被取代，但其中一項人工智慧無法複製的是人的情感，而社會組相關的科系正是在培養我們對事物的認知思考與情感同理。

自然組也未必一定比較容易找到工作，若你只是為了就業而選擇，對相關領域沒有那麼有興趣，那你的學習動力可能無法支撐你學到專精，自然也不會有比較多工作機會。

不知道自己喜歡什麼所以先選生物醫藥班群再說？

　　就學習科目上來說，生物醫藥班群的學習科目涵蓋範圍最廣，所以要選擇任何班群的科系相對容易。但如果你選完班群之後，還是沒有去探索自己對什麼有興趣的話，到了科系選擇階段，你一樣會回到當初選擇班群的迷茫狀態。因此，我會建議不知道自己喜歡什麼的人應該透過上面提及的方法，多去了解與嘗試不同領域，找到自己比較有興趣的領域比較重要。

　　班群選擇可能是多數同學對於生涯第一個做的重要決定，苦惱很久遲遲無法下決定也很正常。希望大家在看完筆者整理的探索興趣方法、與長輩溝通心法、社會組選班群經驗分享後，可以找到自己選班群的方向！只要是你自己深思熟慮過後的選擇，都會是最好的安排。

補充：生涯金三角

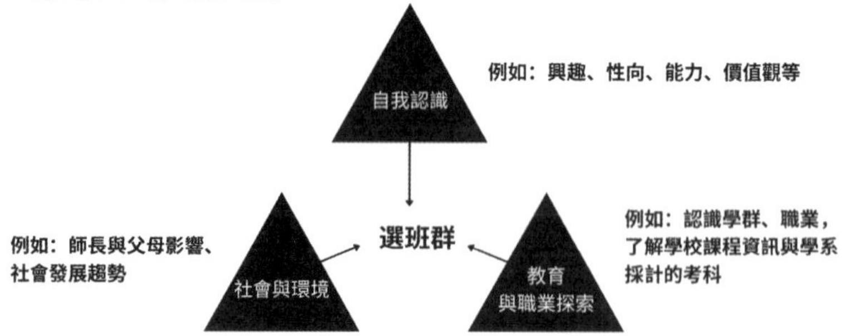

關卡 3 找到自己　129

小拉：盧老師真的是位很溫暖的導師呢。不知道我之後高二去一類組的班級，能不能再遇到像盧老師一樣好的老師。

克也：對呀，你還記得老師都會仔細觀察班上有哪些同學最近心情不太好或是壓力太大，然後個別跟他們聊一聊嗎？

小拉：我也有跟老師聊過幾次，每次聊完後都感覺充電充飽了，又可以再次前進了！

壓力很大怎麼辦？高中生的內心話：找到壓力，解決它！

文／吳伊晴

　　常覺得自己的苦不知道要跟誰說嗎？想找人傾訴但又難以開口？上了高中以後發現自己為了生活喘不過氣？我們每天都在努力生活著，但你是否跟筆者一樣有時會遇到讓你感到壓力大、難過的事情，卻不知道怎麼解決？

　　在這篇文章裡，不會有滿滿的「雞湯文」，筆者將透過不同段落描述現在高中生可能會產生的心理感受，希望能引起讀者對自我覺察的重視，並且跟著筆者找尋可能的紓壓方式，讓你在產生情緒時，能夠有宣洩的管道，同時也了解到在這個世界裡，不是只有你一個人默默在承受這些。

高中生的難言之隱

　　身為現代高中生的我們，面對臺灣競爭的升學狀況、與同學、父母和師長相處的種種問題，以及快速變遷的時代，都一再讓我們生活的壓力變得更加沉重。有時我們想停下腳步來喘氣、喝口水，但時間跟壓力卻不給我們機會，我們只能在瀕臨崩潰的邊緣繼續邁開步伐奔跑。

　　從早上五、六點出門，到晚上十、十一點回家，還有一大堆功課跟報告要趕，或許是現在許多高中生的生活寫照。在匆忙的日子裡，我們沒有過多的機會問自己累不累，久而久之，我們被「生活」的重量壓到喘不過氣，很多時候情緒都累積在自己心裡，卻不知如何宣洩。

　　筆者相信不管是什麼年紀，人只要每天還在努力生活著，都會有各種情緒產生，而如何處理這些情緒，是我們一生都須面對

的課題。

期待給予的沉重壓力

在筆者的求學生涯中，看過許多同學有各種壓力，筆者自己也不例外。在這個段落筆者想分享一群因「被寄予期待」而承受著壓力的高中生。

在臺灣仍然主要以升學為導向的教育中，就算爸媽願意以相對開放與開明的方式去教育孩子，無形中孩子還是囿於升學的壓力內。在競爭激烈的升學環境下，有些爸媽不惜花一大筆錢，從小開始栽培孩子學才藝、補習，就是希望自家小孩能夠至少「不要輸人」。這群人小時候可能比較不懂什麼叫幫自己做選擇，一切都按照父母的規劃，如果做得好會得到稱讚，可能就很滿足了。

但隨著時間久了，父母、師長等來自各界所賦予我們的期待也隨之加重，有時，反而成為了一種負擔。當有些人某天突然意識到了現在的人生道路不是自己想走的，卻因為他人的期待帶來的壓力，沒辦法一時做出符合自己內心想法的決定。那些被寄予期待的人，反而在自己身上加諸了更大的壓力，他們希望自己變成旁人眼中的那個「被期待的自己」。當期待變成壓力，會讓本應快樂的高中生活變得痛苦不已。

不被期待的自我流放

除了期待會造成壓力，在筆者的同學裡，還有一群因「不被期待」而承受著壓力的人。

有些人很認真地讀書，但成績方面表現仍沒有特別突出；有些人則是不擅長讀書，但有其他專長；有些人則是不擅長讀書，而且還在摸索。在考試成績為主的升學制度下，若成績不理想，時常容易覺得自己再努力好像也得不到想要的結果，有的時候還

會一直承受著負面的評價。久而久之，自己也會感到疑惑，「我都已經很努力了、我真的不擅長讀書，為什麼我還要一直讀我不喜歡的東西？」、「我做我喜歡的事情，但為什麼沒人懂我？」不被理解跟期待為他們的高中生活帶來了極大的壓力。有的時候，他們為了能夠獲取被期待的感覺，為自己冠上了一個並非「夢想」的「夢想」，但其實內心早已自我流放。

不同角色的各有難處

在上面的段落裡，我們看到了現在不同高中生遇到的心理壓力。我們是從高中生的角度去經歷一切，但有時候，那些無形中，甚至是無心地造成高中生心理壓力的人，也各有自己作為「某種角色」底下的難處。

以「父母」這個角色為例。在我們這個世代的父母親，他們受教育的年代跟學習的內容與我們大有差異，儘管他們可能都知道要對孩子保有開明的態度，要讓孩子適性發展等等，但因為他們從小到大建立起的觀念跟我們還是有所不同，有時還是會不經意脫口而出可能傷害孩子、造成孩子壓力的話，但這並不能完全怪罪於父母，每個世代、不同角色都有他們的出發點，或許出發點都是好的，但只是用的方法不適合而已。

不同角色各有難處，若沒有互相理解跟溝通，只會造成縫隙越扯越大。因此筆者希望在最後，帶領你找到自己內心的出口，你可能無法改變別人、無法要求一個人徹底懂你，但你可以試著讓自己好受一點。

為自己的心找出口

筆者高中時，常常處在每天有各種壓力堆積成山的狀態。壓力不能不管它，因為真的會有壓力爆表的一天，超過限度以後才去處理的事情，通常都會變得棘手。

筆者在高三下時，曾經和幾位同學一起做了一個以高中生為目標對象的質性訪談，探討有關「焦慮與焦慮症」的議題。筆者在訪談的過程中，發現了人際關係跟成績對於高中生來說是壓力的主要來源。

結合筆者自身的經驗，加上採訪同學後得到的結果，我認為紓解壓力最有效的方法就是先釐清是什麼造成你有壓力，然後為自己的壓力找出口。

找出壓力來源

筆者每次只要作業、社團活動一多，就會感受到壓力從四面八方襲來，整個腦袋很雜很亂，最後一件事也沒做好，效率嚴重不足。後來我會試著把我要做什麼事情一件一件列出來，去找到底是哪件事讓我壓力最大，如果是我可以處理的就會先去處理，像是「趕作業」就是我可以處理的壓力來源；如果是我無法處理的，我就會選擇後面一點再處理，或是先釋懷，像是「跟朋友大吵一架」就可能是一時半刻解決不了，這種壓力來源，我就會放到後面一點再處理。筆者建議你每次感到有情緒時，都先盡可能的去找尋情緒的來源，有時找到「為什麼我會產生這樣的情緒？」的原因時，你就已經調整好自己了。也就是說，找到壓力來源，你才能解決壓力。

政府資源：年輕族群心理健康支持方案

除了自己尋找壓力來源外，也可以使用學校輔導室資源，或政府提供的其他心理諮商相關資源。近年心理議題逐漸受重視，衛生福利部也在 112 年 8 月 1 日起實施心理健康方案，補助十五～三十歲年輕族群每人三次心理諮商。只要到與政府有配合的心理諮商機構，並攜帶身分證明文件，就可以透過四個步驟：「查詢、預約、準備及諮商」進行心理諮商（但是不補助掛號費）。

心理諮商是一個可以讓你將壓力「說出來」的方式，有些人紓解壓力的方式就是去找人傾訴，如果你是不知道怎麼表達的人也不要擔心，專業的心理諮商師或臨床心理師會透過引導的方式協助你將壓力說出來。筆者認為心理諮商是在專業人員的陪伴下，循序漸進認識自己、覺察到自己壓力在哪裡，並學習如何面對壓力的過程。

紓壓的本質在於自我了解

找到壓力來源後，想跟大家聊聊紓壓這件事情。筆者有時是藉由閱讀來紓解壓力，找一本自己喜歡的書，悠閒地看一個下午；有時是透過聽音樂，對歌詞或旋律產生共鳴。後來筆者在嘗試各種紓壓方式時，發現其實最後都要回歸「了解自己的本質」，因為你清楚自己喜歡什麼，才會把它當作紓壓的方式；因為你了解自己的壓力的根源，才會去找解決它的方法。

最後，筆者希望跟我一樣在高中有心理壓力但不知道怎麼解決的你，看完這篇文章後，可以試著善用資源去找方法消除你的壓力，並且知道不是只有你一個人在承受這些。願每位同學都能在自我了解的過程中，為自己的心理壓力找到出口！

心理諮商資源：

- 年輕族群心理健康支持方案（文章中介紹之方案）。
- 心理諮商專線（例如：衛生福利部安心專線 1925、生命線協助專線 1995、張老師專線 1980）。
- 心理諮商機構（心理諮商所可能提供僅收取場地費或掛號費的實習生方案）。
- 學校輔導室。
- 衛生所提供之心理諮商服務。
- 創傷復原諮詢專線：0800250585。
- 自殺防治諮詢安心專線：0800788995（24 小時服務）。

關卡 4

課業之外
的高中

蟬聲唧唧，與校園內學生的歡笑聲互相輝映，升上高二的小拉與克也正各自努力地在課業與課外活動之中取得平衡，每天都過得相當充實。

小拉

今天完成大部分的待辦事項了，來關注一下新聞好了。咦⋯⋯大家對這個議題的想法真不一樣，我該怎麼切入思考呢？

高中生如何看待議題？以死刑存廢為例

文／吳維臻

　　議題，泛指社會發生的大大小小的事件。新課綱的其中一個核心素養正是讓還是高中生的我們能多加關注社會發生的事。議題的發生與討論，並不會終於事件的結束，而是從事件發生的當下，一連串的思辨也從中展開，沒有明確的休止符，隨之而來的，是社會的逐漸發展與共榮。

　　身為高中生的我們，該如何看待議題呢？筆者在本篇文章將帶你了解認識議題的重要五步驟，並以實際的社會議題作舉例，歡迎你一起加入思辨的饗宴。

第一步：認識事件

　　一個社會議題的發酵，一定始於一個事件的發生，因此先從認識事件開始是很重要的。事件的消息來源可能是社群媒體、新聞、影音媒體平臺等，正確分辨資訊的真實性是很關鍵的一步，也就是所謂的媒體識讀（Media Literacy）。當代媒體主要有以下五個特質：「資訊不全然反映真實世界、訊息經過複雜的包裝與選擇、訊息呈現受資本主義影響、傳播科技塑造了獨特的表現形式和內容、閱聽人是廣告商想要觸及的對象」。在這樣的情況下，閱聽人，也就是閱讀這些資訊的我們，必須清楚一個事實：「我們看到的內容可能經過拼接、選擇、重組及情緒煽動，那我們應該如何思考？」在瀏覽一則訊息時，我們必須對其中的時間及消息來源保持懷疑的態度，小心求證，我們也可以盡量選擇較為中立的媒體來接收資訊，比如非營利媒體、公營媒體等較不受資本主義直接影響的媒體。但最好的方式還是直接閱讀第一手的資料，比如法庭判決、政府公文等等，雖然內容較為艱澀難懂，

但在資料查找的過程中，也會無形培養你的閱讀能力，更能使你接近社會的真實。

憲法法庭在民國 113 年 2 月 1 日公告將於 4 月 23 日進行死刑案之言詞辯論，這將決定臺灣是否會成為廢除死刑之國家，本篇文章將會以此案件作為舉例，帶大家了解如何認識議題。本次憲法裁判以王信福案為主案，因此我們必須先認識這個引發死刑存廢議題的事件。1990 年發生在嘉義的雙警槍殺命案，在相關物證欠缺、筆錄與事實有偏誤的情況下仍判王信福涉案，當時王信福被依《違警罰法》及《臺灣省戒嚴時期取締流氓辦法》多次拘留，逃亡中國十六年後，回臺被捕，目前在臺南看守所中，以「死刑定讞犯」的身分生活超過十年。

第二步：了解爭議、正反方立場

議題的產生，時常伴隨著不同立場的討論與辯論，而了解其中的爭議與正反方立場是我們在看一個議題中需要做到的事。根據憲法法庭公告 111 年度憲民字第 904052 號，本案存在以下爭點：

1. 死刑除了剝奪生命權外，是否有另外干預其他憲法上的權利？
2. 死刑制度所追求的目的為何？
3. 死刑達成上述目的之手段而剝奪人民在憲法上的權利，是否為憲法所許？
4. 如果認為死刑違憲，有沒有代替死刑的刑事制裁手段或配套措施？
5. 若認為死刑合憲，則是否要縮減犯罪適用之處？
6. 過去死刑定讞案件所適用的刑法條文是否有違憲之處？

了解完本案爭議後，我們也必須了解死刑存廢議題的正反方立場，可以簡單將此議題中的正反方立場分成「支持廢除死刑」

以及「反對廢除死刑」，再繼續了解他們各自的立場論點。支持廢除死刑者的立場，以下筆者就臺灣廢除死刑聯盟網站的說詞做概要性簡述，主要論點有三：死刑可以有替代方案、死刑違反國際人權標準、死刑不等於被害人正義；而反對廢除死刑者的立場，以下筆者就支持死刑的民意的立場做概要性簡述，主要論點有四：廢除死刑將使治安惡化、加害者不重視他人生命所以其生命亦無須被重視、過度強調加害者人權而忽略被害者人權、應報理論。

洞悉完一個議題之後，我們可以更好地理解這個議題的爭議所在，而在各方立場的理解中也能更好地訓練你的思考能力。

第三步：延伸思辨

恭喜你已經進入第三步了！對於一個議題你已經有充分的了解，接下來就是專屬於你的思辨時間。在思辨的過程中，你可以先讓你自己對這個議題有一些疑問，不管是對議題本身的疑問，或是對正反方立場的疑問。一樣以死刑存廢議題為例，認識了王信福案之後，筆者主要是先看到物證缺乏的部分，因此去思考「為什麼會物證缺乏？」、「有人證可以代替嗎？」、「還有什麼證據可以使用？」從這幾個問題再去思考，證據缺乏會不會是因為時代背景下的問題，因此可以再次提出問題：「這是什麼時代背景下發生的事？」一連串的問題思考正是思辨的價值所在，當你對於一個議題感興趣的時候，不妨可以多對這個議題提出不同角度的問題，一方面可以讓你自己看到一件事情的不同面向，一方面也是訓練自己擁有批判性思考的能力。

第四步：你自己的立場是什麼？

你可以開始思考看看自己的立場與傾向。立場的選擇不是簡單地吵架選邊站，而是建立你自己的價值判斷。這沒有好與壞，

人作為一種情感生物不可能做到完全中立，但要怎麼去考慮什麼對自己來說是重要的？你的價值觀是什麼？

第五步：議題思考，然後呢？

　　一連串的思考之後，你還可以做什麼？將你的思考實體化做成自主學習吧！我們在日常的學習若能跟學習歷程做結合，能更好地學以致用，將其做成自主學習計畫便是一個好方法。透過筆者制定的認識議題五步驟可以讓你的學習看起來是有脈絡的，接下來你可以自行寫下你的學習動機、議題內容及反思，或者心有餘力，你可以嘗試去採訪議題中的相關團體與人士，讓你的自主學習計畫更加完整。

參考資料

- 王念慈等（ 2002 ）。媒體素養教育政策白皮書。臺北市：教育部。

- 憲法法庭（2024）。憲庭力字第 1132000014 號。臺北市：司法院。

- 國際特赦組織臺灣分會（2024）。王信福案：監察院調查報告後，應早日重啟審判。取自 https://www.amnesty.tw/node/18078（查閱時間：2024 年 4 月 6 日）。

- 報導者（2022）。張娟芬／「被流氓」的王信福，那場鹽與火柴的逃亡。取自 https://www.twreporter.org/a/bookreview-wang-xin-fu （查閱時間：2024 年 4 月 6 日）。

- 憲法法庭（2024）。111 年度憲民字第 904052 號。取自 https://cons.judicial.gov.tw/docdata.aspx?fid=2203&id=351721（查閱時間：2024 年 4 月 6 日）。

- 臺灣廢除死刑聯盟（2024）。死刑可以有替代方案。取自 https://www.taedp.org.tw/discussion/11200（查閱時間：

2024 年 4 月 6 日）

- 臺灣廢除死刑聯盟（2024）。死刑違反國際人權標準。取自 https://www.taedp.org.tw/discussion/10072（查閱時間：2024 年 4 月 6 日）

- 臺灣廢除死刑聯盟（2024）。死刑不代表被害人的正義。取自 https://www.taedp.org.tw/discussion/10070（查閱時間：2024 年 4 月 6 日）

- 劉祥裕（2015）。我支持廢死？我反對廢死？問自己這三個問題了解正反爭議。取自 https://www.thenewslens.com/article/18189（查閱時間：2024 年 4 月 6 日）

- 國家發展委員會（2016）。八成八民眾不贊成廢除死刑。取自 https://www.ndc.gov.tw/News_Content.aspx?n=1A876BE08B130FDA&sms=C494EE4722A59019&s=EB579320CE2D72C6（查閱時間：2024 年 4 月 6 日）

- 沃草烙哲學（2022）。你支持死刑？你反對死刑？取自 https://watchout.tw/forum/hkSNP7TCMPxTZgaKiioz（查閱時間：2024 年 4 月 6 日）

小拉

終於完成報告啦！想看個電影稍微放鬆一下，要不要約好久不見的克也一起？

在十七歲那年看電影：
高中生能看到的或許更多

文/子甯

從兒時接觸迪士尼電影起，我便被電影能做到的事情深深地驚豔。能用一至兩個小時的時間，讓讀者體驗到悲喜交集的情緒，又甚至體驗一個全然不同的人生，是一個令我著迷的概念。在十七歲那年，我試著開始記錄自己的觀影心得與想法，而兩年後的現在，筆者回去閱讀那些觀影紀錄時發現，有些事情高中時的我能夠輕易地注意到，現在重新觀影時卻會因為生命階段、想法改變而被我忽略。

因此筆者想推薦高中階段的大家，若有觀看電影的習慣，可以製作簡單的紀錄，讓自己不要忘記當下的想法與感動。在這篇文章中，筆者會主要分享自己當時觀影後記錄的內容，希望能給想開始看電影、寫紀錄的你一些參考。

記錄形式：立即記錄與事後整理缺一不可

首先，很多人可能會猶豫該如何記錄。筆者一開始曾試著在看完電影後製作精美的手帳，想用最漂亮的方式留下紀錄。但後來筆者發現，往往當筆者從電影院回到家、拿出手帳本和工具、準備開始製作時，看完電影當下最純粹的想法已經消失一大半了。

筆者認為這樣非常可惜，後來便決定使用最簡單的手機備忘錄，在剛走出影廳或剛關掉電視的當下就把想法打下來。這樣雖然方便，也能留下最真實的想法，卻很容易讓紀錄變得零散、找不到自己記錄下來的內容。

最後筆者找到了對我而言折衷的辦法，我會在年初的時候先

用 Notion 這款筆記軟體，製作一個統整所有觀影心得的資料庫，並把這款軟體下載在手機上，這樣不但一看完就能立即記錄，還可以用筆記軟體把記錄完的內容整理好，方便自己日後觀看。

大家不一定都要使用這款軟體，但筆者認為在選擇好的記錄方式時，能夠立即記錄及事後整理這兩個要素缺一不可。各位同學可以根據這兩個準則，找到自己喜歡的記錄形式。

記錄內容：以簡單、不造成負擔為主

至於應該記錄什麼內容呢？筆者自己會以簡單、不造成負擔為主要原則。主要是因為筆者不想因為要寫紀錄造成壓力，反而影響觀影的興致。看完一部電影後，我通常會寫下：

- 觀影情境（是在家裡獨自觀看，還是與朋友一起前往電影院？觀影情境會影響看完電影後的心情，因此也很值得記錄）。
- 讓我感動、同理的劇情段落。
- 印象深刻的臺詞。
- 最喜歡或最感興趣的角色。
- 任何其他對我而言重要的感想、心得、情緒。
- 上網尋找一兩張電影畫面或電影海報。

以上內容看起來很多，不過若是簡單記錄通常不會花超過十分鐘。而且同學們在記錄時也不一定要寫到每一個部分，可以針對自己有感觸、覺得值得記錄的部分下手就好。例如筆者在高二時重看了兒時最喜歡的電影《La La Land》（中譯：樂來越愛你），看完後花了快一個小時才能完整地將自己喜歡的段落與臺詞記錄下來，因為已經花了很多時間，就沒有再特別花時間記錄觀影情境或角色。不過現在回去看那份觀影紀錄，仍會認為它非常真實且能反映很多我當時的價值觀與想法，因此同學們也不用執著於照著上述方式記錄，以上列點只是提供同學一些記錄時的參考方向！

不只在記錄電影，更是記錄一部分的自己

　　最後筆者想告訴大家，製作觀影紀錄時，你不只是在記錄電影的內容，更是在記錄一部分的自己。有些同學會認為如果我只是單純把喜歡的片段或臺詞寫下來，好像就沒有做觀影紀錄的必要了。畢竟那些片段跟臺詞都不會不見，以後想看的時候再去看電影就好了啊？

　　不過筆者認為，你記錄下來的任何東西，都能反映當下的價值觀與想法。隨著時間流逝，若不做紀錄，這一部分的自己會很容易被遺忘。以筆者剛剛提到的《La La Land》觀影紀錄為例，《La La Land》這部電影主要圍繞著愛情與夢想這兩個主軸。筆者高二觀看時還沒有太多戀愛經驗，因此記錄下來的內容與臺詞大多與追尋夢想有關。但最近重新觀看後，筆者卻更加關注兩位主角的感情觀，以及關於愛情的臺詞。對比這兩份不同時間點完成的紀錄，我便能夠清楚地發現隨著生命經驗增加，我關注的焦點已經不同，價值觀與想法也有所改變。一方面我為自己能看懂當時看不懂的情感表達感到開心，另一方面也認為當時一心一意關注著夢想、為追夢努力的自己非常可愛。

　　因此筆者認為就算你沒有什麼特別的心得，又或者不太會記錄想法也沒關係。只要開始著手，寫下看完電影後的任何想法或印象深刻的片段，你就一定能為自己留下一些特別的生命痕跡！

　　文章最後，筆者想跟大家分享電影《小王子》中的一句臺詞：Only the children know what they are looking for.（只有孩子知道自己真正在找尋的是什麼。）筆者相信長大後的大家仍能在觀影時找到許多有趣的觀點，但若能記錄自己十餘歲時找到的想法，會是非常珍貴的紀錄。因此若是考完試不知道要做什麼，或是放學後沒有安排活動，不妨看部電影、開始記錄吧！

Chapter 3　不只是學生，也是正在學習生活的青少年

電影結束後，小拉與克也在電影院外聊天。

克也

比起電影，我平常其實更喜歡看書，但經過今天的體驗之後，我發現從電影內也能學到許多東西，謝謝小拉你特地約我出來！

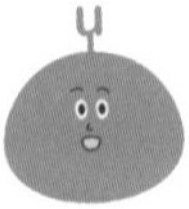

太好了！但我跟你相反，反而讀不下書，聽說這部電影是由原著小說改編而成的，我有興趣想閱讀，但不知道從哪裡讀起，你可以告訴我你閱讀的步驟以及都怎麼吸收書中的內容嗎？

小拉

高中生與課外書：如何從閱讀到產出

文／璪瑋

　　書籍是我們攝取知識、觀察世界面貌最好的管道之一，在繁忙的課業中，書籍也是一個情緒可以暫時安放的桃花源，我們得以在其中獲得壓力的紓解及樸實的喜悅。本篇筆者會帶大家來認識在哪裡可以找到書、一本書要怎麼看以及在閱讀完書之後，閱讀心得應該如何撰寫等具實用性的技能。

哪裡可以找到書？

　　以下筆者想先分享獲取書籍的管道，以及它們分別的特色。

1. 縣、市立圖書館：圖書館的書籍資源一定是最豐富的，且可透過借閱系統可以找到很多書店沒有的書。
2. 學校圖書館：對學生而言最方便，但缺點在於無法跨館際調閱圖書資料。
3. 連鎖書店與獨立書店：連鎖書店的特色是會有很多新書，至於獨立書店各店的特色可能會有所不同，有機會找到一些連鎖書店或是圖書館找不到的好書。
4. 書展及文學活動：在書展或是文學活動中，通常都會有相關書籍的折扣，也有相當高的機會能跟作家互動。

一本書要怎麼看？

1. 先瀏覽折口的介紹：折口，指的是書皮背後折進去的地方會有一段文字。那個文字通常會介紹作者以及譯者的一些相關資訊，筆者認為這是一個快速認識作家的方式。因此如果有機會的話，在閱讀書的正文之前，不妨先瀏覽過折口的介紹。

2. 自序、推薦序不要跳過：自序多半會記載這本書的創作緣由，或是相關的背景。如果想徹底進入故事本身，那麼從自序開始閱讀絕對是好選擇。而推薦序則是閱讀完此書後的真情流露，可以藉由他人的角度來品評這一本書。對筆者而言，序文皆是不可忽略的，推薦大家可以從序文作為進入故事的起始。

3. 要不要畫重點、怎麼畫：筆者認為，在讀書時可以依照自己的需求畫重點。畫的重點可能是認為某句子很美，又或者是關鍵論點。在畫重點時，建議用鉛筆，以便日後更動重點內容。

4. 跋文讓閱讀體驗更完整：跋文指的是正文後的文章。一般來說，跋文可能是作者創作完此篇文章的個人心境。透過跋文，我們可以與前面提到的序文相互呼應，而使得閱讀的體驗更加豐富、完整。

5. 閱讀後更深入理解：在閱讀完後，我們還可以透過不同方式更深入了解內容。倘若這本書被改編成了電影，不妨藉由觀影使自己身臨其境。同時，我們也可以比對書籍與電影的差別，觀察哪些細節有所增刪、人物表現是否與自己所想相同等。如果有其他作家寫對書籍的賞析或感想，也可以為我們提供一個新的思維。我們可以比對賞析與自己觀點的異同，使思辨模式有所成長。最後便是參加讀書會，假設自己身邊有喜愛閱讀的三五好友，可以試著與他們組成一個讀書會。在閱讀完書籍後，共同針對書籍的內容討論、發表想法，使不同的視角和觀點碰撞出新的火花、使彼此的視野與論點更上一層樓。

閱讀心得如何撰寫？

每學期，中學生網站皆會舉辦全國性質的閱讀心得競賽。我們閱讀完後，可以試著將自己的心得與感想做整理，轉化成閱讀心得，則可以在獲得知識之餘豐富學習歷程。而閱讀心得該如何撰寫？

- 第一部分：作者與書籍資訊——這個部分可以參考折口的作者資訊，以及書末的版權頁。
- 第二部分：佳句摘錄——依照閱讀時劃記的重點來完成這部分即可，不過記得標示摘錄頁碼，以免違反規則。
- 第三部分：閱讀心得——此部分為最重要的部分。我們可以將這本書帶給自己的新想法、收穫，甚至批判撰寫於這個欄位之中，也可以提及閱讀這本書的動機、閱讀後的啟發以及思維層次上的改變。
- 第四部分：延伸議題——若作者在書中有提及一些議題或論點，可以思考一下，作者為何提出這個看法？這個看法是否合理？除了作者提到的部分，還可以如何延伸？

閱讀心得撰寫完成後，如果要參加中學生網站的比賽，有兩件重要的事必須提醒大家。一個是記得在中學生網站上點選參賽。第二是一定要在期限內繳交這份閱讀心得的切結書，並交給指導老師簽名。

好書就像是一個能不斷被拆開的禮物，期待各位同學都能找到一本喜愛的書，展開你的閱讀之旅！

突然之間，小拉與克也在電影院外遇見了莉莉學姐，在她身邊的是一位從沒見過的陌生男子。

莉莉：跟你們介紹一下，這位是我男友周周，他比我大一歲，現在已經是大一生了，所以你們可能沒有看過他。

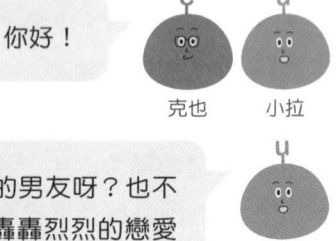

克也 小拉：你好！

小拉：學姐你什麼時候交了個這麼帥的男友呀？也不跟我說一聲。我也好想談一場轟轟烈烈的戀愛呀，但就是找不到對象。

莉莉：嘿嘿，小拉你知道嗎？戀人都是先從朋友做起，再一步步發展成男女朋友關係的，所以交朋友的社交技巧就是關鍵啦！我可以告訴你幾個實用的小訣竅。

青春的悸動：高中的交友與戀愛

文／甄瑩

　　剛步入高中的你，肯定在踏進校門前就已經幻想過無數個美好的高中生活的片段，偶像劇般的劇情究竟會不會發生在自己的高中生涯中，甚至還為此準備了各種不同的開場白，以備各種狀況的發生，這種既期待又怕受傷的心情，是你我青春的開端。

　　談到社交，能夠開啟話題和緣分的瞬間，往往出其不意：

1. 你遺漏重要資訊：剛開學時，班導師或是學校處室總會有很多的資訊需要宣達，如果你漏聽了，不妨可以先從同桌開始請求協助。這會是一個很好的交談機會，能夠讓對方感受到被需要，也是一種串起友誼的好方法。

2. 他人需要協助：借筆借衛生紙這種開場真的是萬年不變的交友方法，當你察覺到身旁有人需要協助，他不好意思開口的話，你就能在這時伸出援手提供協助。此舉不僅能夠幫助他人解決問題，還可以建立起友善的形象。

3. 你與他人對到眼的剎那：愛觀察四周的同學，筆者相信你有許多不小心對到眼的經驗，撇頭假裝沒看到真的很尷尬，不如就大方地向對方點個頭打招呼吧！雖然這個方法遇到放空的人就無效了。

　　而要交更多朋友的話，不論是 I 人或是 E 人，都有適合的交友方法！假設你是個比較外向的人，可以這麼做：

1. 向鄰桌、想交談的對象介紹自己，並拋出一個問題給對方：可以從名字、星座、十六型人格測驗跟來自哪個國中作為開場，話題或許就可以延續下去。

2. 找到你們共同點，簡單聊聊自己後再拋出新的問題：你們的共同點有可能是來自同一間國中、會考同樣的科目

拿 A、相同的通勤方式或是相同興趣等，有共同的興趣、經歷或者觀點時，會更容易建立起連結。試著找出你和對方之間的共同點，這可以成為交流的起點。

假設你是個內向、慢熱的人也不用擔心，多觀察環境與同儕會讓你更容易找到與自己合拍的夥伴，在此也有些建議想給你：

1. 多觀察：身處陌生的環境時，多觀察身邊的同學。你會發現有些人非常活潑、喜歡與人交談，而另一些人則像你一樣，更傾向於觀察。單獨的交談比起團體的互動來說，通常會更輕鬆自在一些，當你注意到有其他人也在觀察周遭環境，你可以試著主動與他們展開對話，分享你的觀察或者聊一些他們對周圍環境的想法、試著了解對方的個性等等，這樣的交談往往比大型團體互動更加親近，也有助於建立深刻的友誼。

2. 從社群平臺開始：在網際網路發達的時代，許多同學會在社交平臺上尋找到自己的同班同學，甚至可能已經建立了班群。在這樣的情況下，筆者認為在社交媒體平臺上迅速開啟對話的最佳方式是從回覆對方的限時動態開始。透過觀察對方的貼文、限時動態和精選動態，也可以更好地了解他們的興趣和個性。不管是喜歡美食、跑步，還是熱愛迷因和梗圖，都可以在社交媒體上找到共同的話題，進而開啟對話。

同學們也不一定要跟同一個圈子裡的所有人都要好，可以試著跳進不同圈裡尋寶。高中如此地大、人數如此地多，沒有人規定你一定要與班級裡的同學變成好朋友。在青春的歲月裡，多參加一些活動、社團或是校外的比賽、營隊，可以拓展交友圈、讓你認識更多不同背景和興趣的人，豐富你的高中生活。在此介紹一些筆者認識新朋友的來源：

1 社團

無論是對學術、服務或康樂性社團有興趣，都可以找到感興趣的社團來參加！在社團中，你會遇到許多和你有共同興趣的人，這樣你就可以輕鬆地找到志同道合的朋友。你們擁有共同的話題和興趣活動，在學習中一起成長，肯定能在社團中結識知己。許多學校的社團也會彼此串聯，辦理大型的迎新活動、成果發表等等，都能夠提升彼此在興趣領域的能力，以及結識更多共同興趣的朋友！

2 校外活動

不管是工作坊或營隊，都提供了一個與不同背景和興趣的人相遇的機會！參加前述的兩個活動，透過主辦方的破冰遊戲緩解尷尬氣氛，能快速地認識來自各地的夥伴，活動過程的共同參與、討論環節不僅促進意見交流更是深入了解對方的時機。

3 補習班

雖然補習的主要目的是提升成績，但在升學的過程中，戰友的支持與鼓勵是不可或缺的。在補習班裡，你可以結交到一起努力學習的好朋友，彼此相互激勵、互相支持，這些同學不僅能夠和你一起征服學業上的難題，還能成為你在升學路上的良伴。

4 網路

在網路上結交網友在這個時代已經是再正常不過的事情了！透過 Instagram、Threads 或是交友軟體，留個言、回覆限時動態，就能開啟你們的對話！不論身在何處都能與手機另一端的人聊聊天，因此在現實世界中社交恐懼症易發作的你，很適合從網路交友開始認識新朋友！

筆者溫馨提醒：

- 注意自身在網路上的言行舉止，維持良好的交友氛圍！
- 網路交友小心謹慎，保護自己最重要！
- 首次見網友約在人多的地方！

不過與好友形影不離地相處一段時間之後，隨著相處時間愈長、聊天的話題愈多樣，你們很有可能會面臨到一些小糾紛，可能是價值觀上的差異、做事的風格不同等等，這時筆者就需要提供一些緩解緊張氣氛的解方和鞏固友情的良藥！

1 緩解緊張氣氛、對話就此暫停

當你們的對話中的情緒堆疊到快要爆炸的程度時，談話內容會變得空泛，因此就此暫停是最好的解方，當雙方都冷靜之後能以較穩定的情緒、客觀的角度去檢討引起雙方衝突的事件。思緒清晰之後，仔細聆聽對方的意見之後，將自己想傳達的想法好好表達，確保彼此能有效的溝通。

2 真心地對待他人

真誠是維繫友情的基石，因為它帶來了信任和理解。真心地對待他人、對他人保有完全的信任、願意試圖理解對方和替對方著想，都是真誠的表現，相信付出真心的你也會得到他人真誠的對待！

除了交友，看到影集裡校園戀愛的情節，相信有些同學們對談戀愛會抱著期待和甜蜜的幻想。高中正是你能夠實現偶像劇般校園戀愛的好時機！

不過首先你要先有一位心儀的對象，如果你缺了位對象，筆者建議你先從認識新朋友開始！

而如果你正陷入曖昧的階段，天天都有聊不完的天、講不完的電話，那麼恭喜你離戀愛的岸邊不遠了。有些話想給曖昧中的

關卡 ❹ 課業之外的高中   153

同學們：

1. 青春就這麼一次，勇敢地去嘗試：在有限的青春裡，誰知道會不會錯過就是一輩子了呢？學習去愛一個人也是人生必經的課題，勇敢地給予承諾並實踐吧！別在青春留下後悔的痕跡。

2. 被拒絕的勇氣：被曖昧對象拒絕可能會讓你感到挫折和難過，但這是戀愛一部分，每個人都會經歷。被拒絕並不代表你不夠好，只是代表對方和你並不適合，而這是正常的。重要的是要尊重對方的感受和決定！

至於談戀愛該不該告知父母？這是一個千古難題，分別為以下兩種選擇：

1 優先隱瞞＋旁敲側擊

平常不會與家人分享人際關係的你，突然要跟家長告知你談戀愛了，肯定是件困難的事情，加上有些家長有強制的禁愛令，聽到此消息應該會火冒三丈。此刻的你可以選擇先不知會他們，你擁有選擇的權利，可以等到你們戀愛穩定、時機成熟再以旁敲側擊的方式告知家長。旁敲側擊時可以用假設問句作為開頭：「如果我談戀愛了你會希望我告訴你嗎？」、「你希望我未來的另一半有什麼樣的特質？」

2 與父母正面對決

若你的家庭關係良好，能夠與父母開放地交流，那你可以選擇告知他們你正在談戀愛。父母的支持和理解對於你的成長和戀愛關係的發展都是非常有益的，當你面臨到戀愛的問題時，他們可以以自身的經驗給予你一些建議，幫助你處理戀愛中的挑戰，同時也能夠在你需要時提供支持和鼓勵。

不過最容易成為被師長與父母拆散的理由，無非就是談戀愛

會影響學業,如何在談戀愛與學業之間取得平衡,是你與伴侶最需要面對的課題。

1 制定共同的目標

和對方一起設定段考的目標、讀書的規劃並一起實踐,互相成為對方讀書的好戰友,讓自己的成績保持在一定的水準之上。

2 有效的時間管理

請謹記自己和普通人一樣,一天只有二十四小時,合理地規劃你的時間、學會安排優先順序、取捨想完成的事情也會是你在高中生活中需要學習的課題。

3 合理的約會安排

在需要上學的日子,約會行程可以安排放學之後一起念書、吃晚餐,抑或聊聊今天一整天的事情和想法。週末、寒暑假則可以安排長時間的約會,像是一起去踏青、看海或是看展覽等。盡量避免在重要考試或學業壓力最大的時候計畫太愜意的約會行程,會造成自己倍感焦慮。

若是真的很遺憾地面臨需要道別的時刻,就體面地與對方說聲再見吧!雖然分手是一件令人遺憾的事情,但有時我們不得不接受這樣的現實,分手時向對方表達感謝和祝福,並且表示對未來的尊重和期待,可以讓分手過程更加和平。

不過在高中時期交到的另一半,對大部分的人來說應該都是人生中第一次與他人產生親密關係,所以在不得已要分手的時候,可能會很難走出來,處於心情低落的狀態好一陣子,無法回到原本的日常生活。筆者想以自己過去的經驗,跟大家分享,在高中交往期間應該如何調適分手後的負面情緒,讓自己盡快回到原本的生活軌道。

1 交往不捨棄自己原本的生活

有些同學在交往期間會把另一半當作生活的重心，而逐漸疏離原本的生活圈，因此在分手的時候，會突然無法在人際關係上獲得慰藉。筆者建議大家，不管是人際關係、學校生活、課後興趣等等，都不要因為談戀愛而進行大幅度改動，並且保留自己的生活空間，當無法預期的分別來臨時，才不會衝擊到自己的生活太多。

2 釐清自己在感情中的定位並思考自己未來該如何變好

在分手之後，如果心情不好無法回到正常生活，不妨可以回想看看你在這段感情裡做得好的地方、可以改進的地方、有什麼你不能接受的地方等等。有時我們內心糾結的點在於「不知道為什麼會變成這樣」，這時把這段感情稍微分析一下，你就會發現其實你已經嘗試過很多，也從中發現你自己其實在感情中有一些不能接受的事情，這些都沒有對與錯，或許只是他不是對的人，因此透過分手也可以在感情中更了解自己，讓自己在未來可以找到真的適合自己的人。

最後，跟大家分享一些筆者的個人小故事。

交友方面，經過高中三年朝夕相處，加上個性與價值觀類似，我與好友之間的關係緊密而不可分割（彼此知道太多秘密不可以分割）。無論是歡笑還是淚水，我們總是能夠彼此倚靠、傾聽並給予具體的建議。一起念書、玩樂的日常真的很青春、令人懷念，我們還一起看了不少展覽，也一起去吃了不少美食，甚至在暑假期間去了外縣市玩耍，只能說我們倆的回憶很美好也很高興能夠認識彼此。

接著談談自身的交往經驗，在高三要放寒假之前，我與目前的男友正式交往了。筆者跟男友是在網路上認識的，雖然我們認

識頗長一段時間，但是礙於準備學測，我請對方再稍等一段時間。對方非常尊重我的想法，願意等到我考完學測才正式告白，最後我們在一起啦（撒花），交往的過程雖然有哭有笑、有吵有鬧，但是交往的過程中是有所收穫的，包括心靈上的富足以及個性上的成長。

針對筆者自身友情與愛情兩方面的整體狀況而言，我算是相當滿意。筆者認為，高中生活是一段寶貴的時光，不應該留下任何遺憾。誠摯地建議高中生們要全力投入生活，積極參與各種活動，充分享受和玩樂、真誠地交朋友、建立深厚的友誼，有機會的話就談一場難忘的戀愛！

周周：學妹，我是不是在哪裡看過你呀？

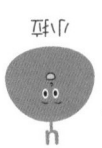

小拉：欸，這麼說來，總感覺學長的臉好像很熟悉⋯⋯啊，學長你是不是大傳社的？

周周：對，沒錯沒錯。我想起來了，之前高三卸下幹部身分後回去看下一屆幹部經營得如何時，在高一的學弟妹中好像有看到你，當時你表現很亮眼。

小拉：學長你記性真好呀，現在我也成為幹部的一分子了，擔任公關長。

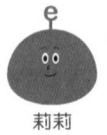

莉莉：哇，小拉你好厲害，公關長這個職務平常都在做什麼呀？因為我沒當過幹部所以很好奇。

一篇文看懂高中社團！

文／璨瑋

　　社團可謂微型的社會。在這裡，可以在學生時期提早獲得社會歷練。因此，社團可說是把雙面刃。只要好好地經營、學習，在短時間內，我們便能學到許多在課內無法習得的寶貴技能；反之，若經營不當，則有可能會發生社團與學業皆無法顧好的情況。因此，筆者在這邊會跟大家分享高中社團的類型、社團幹部性質、如何經營社團、如何兼顧課業與社團等。

高中社團的類型有哪些呢？

　　高中的社團依性質大致可分為四類：學術性質社團、體育性質社團、才藝性質社團與服務性質社團。而第五類為特殊情形，也就是自治性質社團，例如學生會、社聯會。此類性質社團獨立於以上社團，為額外參與之組織，不影響社團選擇，加入方式依各校而定。

社團幹部有哪些？分別負責哪些工作？

　　各社團可能會依該社團性質不同而在幹部職位方面略有增減。以下筆者簡單以表格為大家說明社團幹部與幹部性質。

幹部名稱	負責內容
社長	與眾幹部協調社課規劃事宜 幹部間的協調管道 參與校內社團大會 協助各幹部行政事宜
副社長	社長不在時，為代理社長 協助社長完成行政事務
（正／副）美宣長	社團帳號、文宣美編負責人

幹部名稱	負責內容
（正／副）公關長	社團與外校的聯絡對口 社團帳號之管理經營
（正／副）教學長	負責該社團的社課教學事宜
（正／副）總務長	管理社費、主掌經費核銷事宜 控制社團收支
（正／副）文書長	撰寫社團活動簿 記錄社課內容
（正／副）活動長	規劃、主持社團活動
（正／副）器材長	管理社團器材設備

如何兼顧課業與社團

社團固然是很快樂的天地，在這邊能認識很多優秀的人、參與許多未曾體驗過的活動、學到無數課內無法習得的事。但在玩社團的同時，若能夠兼顧課業，不但不會遭到家長反對，也能在高中的光陰中達成學業社團雙贏的願景。以下筆者會簡單為大家介紹平衡課業與社團的幾個方法。

1 設定大行事曆，將重要時間標註

前面有提到，許多重要時程一旦錯過便會造成麻煩，影響整個社團的規劃與安排。因此，標註重要時程有助於解決諸類問題。以家長同意書為例，最好提前三天至一週完成繳交，才不會耽誤社團安排。而在學業部分，我們也可以將段考或考試標註於大行事曆上，在那之前完成社團重要事務。通常筆者會將段考前兩週額外空出，全部作為學業所用。

2 課程空閒週提前完成社團事務，避免時間衝突

段考後，應是課業相當輕鬆的時段。在這個時段可以安排分

量較重的內容以減輕繁忙時段的工作量。提前完成也能夠使之後的進度安排更加輕鬆，以免跟課業衝突。同時，寒暑假也是一個很適合提前規劃的時段。在這個時段可先召開社團會議，事先商議未來的社團安排。也可以藉由這個時間先行與他社接洽，讓爾後的規劃更加從容。

如何經營社團

至於該如何經營社團呢？筆者想跟大家分享幾個自己在當社長時會使用的小技巧。

1. 使用非暴力溝通減少社團內摩擦（非暴力溝通步驟：先說出觀察而不給予評論、表達感受、直接說出需求、把請求表達得明確且具體）。
2. 使用三明治溝通法，讓建議更容易被採納（先肯定對方好的地方，再表達自己的建議與想法，最後以鼓勵的話收尾）。
3. 使用資料管理工具統整社團工作（例如 Notion 的 Calendar View 功能很適合統整活動與開會時間、Gallery View 很適合整理會議或活動紀錄）。
4. 積極參考學長姐經驗。

（更多社團經營經驗可以至 Lucker 雲端圖資館搜尋：校刊社長 365 天，青澀編輯的尋夢旅途。）

希望看完以上文章各位同學已經對社團有一些初步的了解，接下來一起來看看更多社團經驗分享吧！

Chapter 3 不只是學生，也是正在學習生活的青少年

莉莉

原來如此，參加社團很考驗時間安排能力呢！

小拉

對呀，我最近正為了社團成發忙得焦頭爛額，剛好遇到了前幹部周周學長，想順便請教成發的心態調整，最近在籌備時遇到了一些瓶頸不知道該怎麼解決才好？

關卡 **4** 課業之外的高中　　161

在舞臺上謝幕了，然後呢？
社團成發與學習歷程

文／芋泥

　　上一篇文章中，學長分享了社團經營、如何平衡社團與課業等資訊。而在這篇文章中，筆者會從動態社團與成發的準備下手，讓你對其他的社團有更多的了解。

什麼是成發？

　　不知道你走在百貨公司或是公園時，會不會看到一群學生拿著大板板跟小箱子，希望路人能給他們一點贊助？辦過成發的我，每次看到這種場景總莫名地被觸動到。成發，全名為大型成果發表，對於許多動態性社團，如熱舞、熱音、吉他、大傳等來說，是一年中最重要且最大型的活動，通常舉辦在下學期的四～六月，幹部們會帶著學弟妹將這一年的練習成果展現出來，並邀請親朋好友們到校外的表演廳欣賞表演。

準備成發，是個漫長的旅程

　　成發通常舉辦在下學期的期中到期末後，但籌備卻是從我們接到幹部的那一刻就開始。還記得筆者當時就是在六月接到幹部的隔天，社長就約幹部們開會，開始討論整場成發的時程。

1 心態建立

　　如果要求你在升上高二起，要投入大量的時間與心力在這場不過幾小時的成發中，你願意嗎？你有辦法同時兼顧好課業嗎？平均下來的開銷你拿得出手嗎？在選擇舉辦成發前，我想這些問題是你要慎重考慮的。

以筆者參加的大傳社為例，我們的成發內容為三部半小時至一小時的微電影、一部 MV、一齣近一小時的舞臺劇、以及一場十分鐘左右的開場舞，這樣龐大且多種類的表演項目，使我們需要相當長的準備時間。如撰寫劇本的進度在暑假時就需要到八、九成，開學後才能盡快開始拍攝，並在寒假集中拍攝、做前期的收尾，同時與學弟妹開始籌劃舞臺劇的演出，下學期的時間則著重在舞臺彩排及美宣、後期剪輯等⋯⋯。

當時的筆者幾乎都是每天晚上十點左右才能回到家，且寒假都需外出拍攝，與家人的相處時間變少，見面時又容易發生衝突。他們認為筆者花費太多的時間在社團上，除了擔心筆者太累，也怕這樣高強度的準備會影響到成績，多次要求筆者退社。在雙重的身心壓力下，筆者疲憊不堪地萌生出退出的念頭⋯⋯。

但幹部們的心態尤為重要，若你已經決定要舉辦這場成發了，那就必須負責任地把份內工作完成，不要造成別人的負擔，讓整個團隊順利完成一場屬於你們的表演。以筆者為例，當時我們的幹部人數少，本身要承擔的工作就已經很多了，卻還是有幾位幹部不做事，增加其他人的困擾，也導致了社團內部氛圍不和諧。

2 為青春瘋一次，有何不可？

準備中期，筆者遇到了各種瓶頸，家庭的施壓、部分幹部不負責任等，讓筆者對一切都很失望、每天都在抱怨，也無形地給身邊的好友傳遞負面情緒。這樣的自己筆者非常不喜歡，因此果斷填了退社申請單並準備遞交。然而就在繳交前，內心出現了微弱的聲音——當初加入社團的初心是什麼？難道甘願讓高中社團的回憶就在這邊按下終止鍵嗎？所以還是決定撐下去，這個選擇沒有對錯，如果是你遇到這樣的問題，作法不必與筆者相同，不停的內耗也會傷害自己，但筆者不後悔自己的選擇，這場成發意

義重大，是筆者人生中少數會為了自己義無反顧地闖的事，所以筆者覺得很值得。

社團經歷的學習歷程要怎麼寫？

當成發慶功宴結束後，你還是要繼續忙錄，趁著還沒忘記一路上的心路歷程，趕快來製作學習歷程吧！

筆者當初是將成發以及整年的經歷都濃縮在一個檔案中，但你也可以將他們分散到「幹部經歷暨事蹟紀錄」、「團體活動時間紀錄」、「非修課紀錄之成果作品」等檔案中！以下是筆者各段落的注意事項，供你參考：

1 參加動機

這一部分我們可以分成參與社團的動機與擔任幹部的動機，若你的社團與未來科系有相關聯，一定要把握機會讓教授看到你對這個領域的熱忱，且在高中時就開始累積經驗。而擔任幹部的動機也很重要，能展現你在團體中的定位、以及你較能勝任的位置。

2 幹部經歷

可以明確地列舉出你的幹部工作內容，以及你做了什麼事情。但要特別注意的是，這一年當中你會做非常多的事，若是我們全部都寫上心路歷程，教授會看不完，因此可以將大概內容列舉後，挑選出一個特別值得展現、或是學到最多的工作來展現自己的能力。如筆者同時擔任了活動組組長及美宣組組員，我除了列舉兩個職位的工作內容外，我也特別寫出了在與廠商洽談中學習到的應對技巧、展現我自學軟體所製作的節目邀請卡。如此一來，就能讓你的能力有更具體的呈現。

3 作品成果反思

接下來的作品成果會因各社團不同的作品，而有不同的呈現方式，若是想將成發放進來也很適合，可以分成前中後三點來描述：

1. 成發前：前期的準備做了些什麼、有無遇到困難以及如何解決。
2. 成發當中：現場有沒有發生突發狀況以及如何解決。
3. 成發後：活動所得到的反饋如何、未來如何修正與傳承、整場活動的心得反思。

那如果沒有辦成發怎麼辦？沒關係，筆者也沒辦！因為疫情，我們在表演前幾天，也是愚人節當天被通知取消了。那麼我們就可以以文字及圖片穿插的方式介紹作品，將準備過程中所得到、展現的個人特質更詳細地描述！以大傳社為例，這是最好呈現作品理念與製作過程的地方，因為筆者擔任了 MV 作品的幕後，筆者就能從劇本撰寫、分鏡畫面設計，到拍攝、剪輯，完整地描述在過程中所遇到的障礙，以及學到的能力，再以同學給出的反饋修正作品，讓教授也同時看到筆者的省思能力。

（筆者的完整學習歷程可至 Lucker 雲端圖資館搜尋：MV 作品製作）

4 參與心得

最後不免俗來到每篇學習歷程都要有的心得反思啦！社團的團隊合作是個很好下手的切入點，除此之外擔任幹部的你，也可以試著回想在幹部面試時，你向學長姐許下的期許與展望達成了嗎？你為了這個社團做了什麼貢獻呢？有沒有跟著社團一起成長呢？

最後再次提醒，高中社團通常較為自治，遇到很多事情都需

要幹部們互相協助、解決，因此這是個最能讓你呈現個人特質與能力的地方，在撰寫社團學習歷程時，盡可能完整地呈現，好好把握機會讓教授在這當中記住你吧！

　　一場成發的籌備或許很辛苦，會遇到各種障礙，但只要你全力以赴並認真投入，那些困難都不會對這趟旅程造成太大的傷害，反而會是一處處獨特的風景！也相信你在社團中能得到滿滿的成就感以及收穫，為青春勇敢一次吧！

Chapter 4
面對高中的魔王關
——考大學！

閻王闖十八關

各位朋友們好，歡迎你們一路過關斬將來到這裡，經歷了各式各樣的關卡與磨練後，接著我方才等待你們的就是十八層閻王關，因此你將走進情報局長的眼睛裡了，嘿嘿。

真何庸

一篇文看懂大學多元入學管道！

文／吳維臻

你知道自己適合用什麼大學入學管道升學嗎？還不知道不用擔心，筆者幫你整理了幾乎所有你可能會用到的升學管道，讓你找到自己適合的作法，考上想要的大學及科系！

特殊選才

大家對特殊選才的印象常常是「不用考學測就可以上大學」，不過特殊選才絕對不會比較輕鬆簡單。特殊選才是給在特定領域具備特殊才能、經歷、成就或不同教育資歷（如境外臺生、新住民子女、弱勢族群、實驗教育學生等）的同學，可以不用參加大考，透過展現特殊專長與能力申請大學，希望以此增加學生的多樣性而特別劃設的名額。

繁星推薦

繁星以弭平學校、城鄉間差距為目標設立。繁星制度以學測五標作為校系檢定門檻，在校成績作為優先評比項目，讓高中端向大學端推薦應屆畢業學生。依據科系性質分成八大學群，各高中對單一大學的單一學群推薦名額有固定的數量限制，學生在獲得學校推薦之後僅能針對該大學及自己所屬學群的科系去填報志願，因此繁星較適合三年在校成績優良且以選校為主的同學。

個人申請

大約半數的同學會以個人申請的方式進入大學，透過這個管道可以分別申請普通大學以及科技大學。參加個人申請皆須報考學測，另外依據科系需要選考高中英語聽力測驗（以下簡稱英

聽）、大學術科考試、APCS 等考試，報名時同學可選擇六個校系作為志願。申請分兩階段，第一階段僅以學測、英聽或術科考試成績作為進入第二階段的標準，而第二階段會依科系需要進行指定項目甄試（例如：學習歷程檔案書面審查資料、筆試、面試等）。高中生參加四技科技大學的個人申請時，流程幾乎跟普通大學個人申請一樣，需要參採學測成績、繳交學習歷程檔案、書面審查資料等。

獨立招生

許多校系會開設獨立於其他升學管道的獨立招生，筆者在本篇文章整理最常見的軍警校以及藝術大學的獨立招生：

1 軍警院校

若想要進入軍校就讀，需要選擇「軍校正期班」這個管道，由五所軍事學校進行聯合招生。入學方式有國防培育班、登記入學、學校推薦、個人申請、統測入學，皆須通過智力測驗、體檢、報考學測或統測，並參加複試。一般高中職生可以選擇學校推薦、個人申請、統測入學三種。

而想要進入警察大學須參加警大辦理的獨立招生，分為兩階段，第一階段採計學測成績為標準，而第二階段必須通過面試、體檢與體能測驗，另外還有身家調查。

2 藝術大學

許多藝術大學科系會同時開設個人申請以及獨立招生的名額，開放有不同專長才能的同學進行報考，有的需選考學測、術科，及該校系自行舉辦的考試，詳細的辦理方法都會公告在各校系網站上，有興趣的同學一定要密切關注！

運動甄審、運動甄試

體育方面表現良好的同學，可以考慮參加運動甄審與運動甄試！運動甄審與運動甄試最大的差別在於是否曾經參加過國際級賽事並獲獎。運動甄審適合曾經有參加過國際級體育賽事且有獲獎的同學申請，只要持三年內的獲獎相關證明，不需經過任何額外的考試即可填選志願。運動甄試適合在近兩年內有參加過全國性體育競賽且成績優良的同學，而與運動甄審不同的是，需要參加額外的國文、英文及數學學科考試，若運動項目屬於「團體競賽」應參加術科考試。

身心障礙學生甄試

身心障礙學生升學大專校院甄試招生學制包含大學、四技二專、二技等組別。領有身心障礙手冊、經特殊教育學生鑑定及就學輔導會鑑定為身心障礙的同學可以報名。使用這個升學管道升學屬於額外的名額，需要參加身心障礙甄試的學科考試，再根據科系需要選考術科，由考試成績統一分發。

分發入學

透過分發入學這個管道升學，需要報考學測以及分科測驗，而分科測驗可在數甲、數乙、生物、物理、化學、地理、歷史、公民中選考，再根據成績選填志願後分發，讓在學測失常的同學有再一次補救的機會，另外對擅長這些科目的同學也會比較有利。

最後為同學們整理大學多元入學管道一覽表：

	學測	分科測驗	特殊經歷	在校成績	二階指定項目甄試（筆試、面試、審查資料等）
特殊選才	X	X	V	不一定	V
繁星推薦	V	X	X	V	X（第八類學群需要參加面試）
個人申請	V	X	X	V（屬於書面審查資料的一部分）	V
軍警院校	V	X	X	X	V
藝術大學	不一定	不一定	不一定	不一定	V
運動甄審	X	X	V	X	X
運動甄試	X	X	V	X	V
身心障礙學生甄試	X	X	X	X	X
分發入學	V	V	X	X	X

希望現在還不知道自己適合什麼入學管道的同學，能從中找到適合自己的升學方式。

關卡 ⑤
特殊選才

黃阿姨

都休息好了之後,接下來就看你們大展身手了!

小拉

我這兩年來參加了許多課外活動,而且都有不錯的表現,再加上我理科的成績實在慘不忍睹,選擇特殊選才應該對我滿有利的,來上網找看看有沒有介紹特殊選才的時程與招生條件的文章好了。

「偏科」生的福音？三分鐘帶你了解特殊選才條件與時程

文／莊愛玲

聽說過不用考學測就能上大學的入學管道嗎？擔心自己偏科嚴重的問題？猶豫自己是否適合特殊選才？這篇文章主要想跟大家聊聊新型升學管道「特殊選才」，包含制度施行目的、錄取比例、時程、招生對象等資訊，希望透過 111 學年國立成功大學特殊選才榜首的分享，讓大家在短短三分鐘的時間內了解特殊選才的規定。

「特殊選才」主要是改善現行多元入學制度多有成績門檻，較難鑑別部分具有特殊才能、特殊經歷或成就之學生。另外，特殊選才也可以保障弱勢與大學所在區域之在地學生，並增進學生來源多樣性之考量，招生條件由辦理該類招生之大學另外訂定。

特殊選才特別的原因之一，是它不以大型考試作篩選，而是單純透過一階書審、二階面試或筆試來審核，所以特殊選才的評比並非學業成績高低，而是著重你在特殊領域有多深入的研究、成就與貢獻。

不過，大學多元入學方案中有明確提及：「各管道中，繁星推薦與特殊選才屬政策性且少量名額管道；多數學生仍將以申請或分發為主要入學管道。」自 104 年試辦以來，每年特殊選才招生錄取比例由 104 年的 0.1% 上升至 112 年的 1.47%。

可以推測，未來特殊選才的錄取人數比例將有機會上升，但也能確定的是，它並不會無止境地攀升，而是會維持在某一平衡點，畢竟特殊選才挑的就是「偏才」，名額不可能開放太多，否則將會衍生許多弊端。

看到這裡，你已經想選擇特殊選才管道了嗎？你需要掌握

「招生簡章公告」、「辦理招生」、「放榜」三個階段。每個階段各校系的確切時間並不一致，準確的特殊選才時程仍需參照各大學的最新簡章，不過下文會簡單說明各階段的內容。

第一階段：查看招生簡章公告

跟個人申請、分科測驗一樣，特殊選才也會有招生簡章，原則上會由各大學於每年十一月自行公布，通常會放在各大學官網的特殊選才或教務處網頁。如果你想報名特殊選才，可以先去下載前幾年的簡章 PDF，參考申請流程跟目標科系的審查項目。若想知道臺灣哪些校系有開放特殊選才名額，可以到教育部的特殊選才網站快速查詢。

你可以在特殊選才簡章注意以下幾點資訊：

1. 該大學科系的特殊選才流程。
2. 繳費、上傳一階書審與二階面試的時間（如果報名多個校系的特殊選才，要注意時間是否重疊）。
3. 目標科系的書審、面試（或筆試）的審查重點為何？
4. 書審格式規定、要求項目跟繳交方式。
5. 該校聯絡窗口（有狀況或問題時可以更快與校方聯繫）。

第二階段：辦理招生

一般由各大學於每年十二月自行訂定時間，辦理書面資料審查及甄試（二階面試或筆試）。甄試方式各學系不一定相同，但特殊選才簡章都會說明。

雖然實際招生是在十二月，但通常特殊選才的書審在九月就要開始著手了，因為筆者建議書審還需要經過二次修改、增刪，所以多預留一點時間是最理想的，暑假時也可以提前整理手邊適合作為特殊選才報名的素材或證明檔案。

第三階段：放榜

　　特殊選才大多於十二月底到次年一月間由各校系自行放榜，包含正、備取生報到及放棄程序。

　　至於什麼樣的同學適合特殊選才？特殊選才的報考身分通常分為「一般生」、「具不同教育資歷學生」。而此制度主要提供「具特殊才能」或「具不同教育資歷學生」（如境外臺生、新住民及其子女、實驗教育學生、持有 ACT 或 SAT 等國外具公信力之入學用大型測驗成績者）使用。

　　所以許多校系皆會特別註明：「於招生名額內，考量不同教育資歷學生之背景後，同分時優先錄取具不同教育資歷學生。」畢竟這個管道本身就是開放給這類具不同教育資歷學生所使用的，一般生相對來說較不吃香。

　　開始著手準備特殊選才前，可以先停下來簡單反問自己是否真的適合這個管道？還是只是把它當成一個機會、一個捷徑呢？

　　依照現行「特殊選才」的申請方式與政策希望達成的效益，筆者統整出六種比較適合利用特殊選才升學的同學。對這些同學來說，利用特殊選才可以更加突顯自己的特質，以及增加自己與申請校系的契合度。

- 具有單一學科領域的專才（如偏科嚴重的學生、某學科相對其他科目特別突出）：大學端通常會以在校單科 % 數或各類型競賽成績評斷學生是否具有該能力。
- 參加過各級機關團體主辦之相關領域競賽或活動表現優異，並持有證明者。
- 對相關領域之工作或研究有興趣並持有證明者。
- 具有藝能類的才藝專長，如：科學、音樂、美術、體育、文學創作等並持有證明者。
- 具有逆境向學的精神，如低收入戶、中低收入戶或特殊

關卡 **5** 特殊選才　177

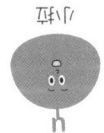

境遇家庭子女並持有證明者。

- 為不同教育資歷之學生，如：境外臺生、新住民及其子女、實驗教育學生，以及持有境外學歷報考且同時有國外具公信力之入學用大型測驗成績的同學等。

不過，也不一定需要具備以上特質才能報名特殊選才，若是真的不確定自己是否適合走特殊選才，不妨在準備前，先找有經驗的學長姐、導師或輔導室師長討論會更準確哦！

最重要的是，同學報名特殊選才的動機，不應該只有「不用考學測或分科、不用準備學習歷程檔案」而已，而是自身真的對相關領域有深厚興趣、有研究或才能，想利用這份特質作為升學的素材和有力證明。總的來說，如果你確定想走特殊選才，可以提前在暑假著手準備，並在九月開始撰寫書審資料嘍！

了解特殊選才的制度與時程後，小拉想開始整理自己的相關資料。

小拉

> 不行，我不知道該從哪裡下手，該怎麼把所有的經歷寫成一份教授會喜歡的書審呢？去問問看莉莉學姐好了，說不定她有相關的經驗。

> 雖然很想幫上小拉你的忙，但是很抱歉，我是透過個人申請入學的，可能無法給你實用的建議。但是，你還記得那位成績很好的小綾學姐嗎？原本大家都以為她會透過繁星升學，結果她最終跑去特殊選才了，而且還獲得榜首。

莉莉

小拉

> 哇，竟然！小綾學姐好強。好，我知道了，我會去問她的，謝謝莉莉學姐！

超吸睛的書審資料撰寫全攻略！成大特殊選才榜首經驗分享

文／莊愛玲

書審資料撰寫的能力，不管是在特殊選才、個人申請，甚至是研究所推甄都會用上。這篇文章想跟大家分享：一份好的特殊選才備審需要具備哪些項目？以及審查教授會著重哪些要點或內容？

前情提要：筆者本身利用 111 學年特殊選才應屆錄取成大、中山、中山醫三校系的第三類組科系，以下內文可能比較貼近自然組科系使用，不過還是有許多自然組及社會組通用的法則，歡迎參考！

特殊選才書審資料的五大內容

1. 個人簡歷。
2. 自傳。
3. 申請動機。
4. 讀書計畫。
5. 佐證資料。

上面五個部分通常缺一不可，但如果遇到特別的上傳模式時，可能會有所不同，所以還是需要注意各校簡章規定。一開始準備的時候，會建議大家先打在同一份文件，若後續發現學校要求分門別類上傳，再切割成好幾份 PDF 檔就好，會相對輕鬆、簡單很多！

以下會依照上述的五個部分，介紹該部分應強調的內容，以及希望教授從中獲得什麼樣的資訊。

個人簡歷

　　簡歷的用途是讓教授快速認識你這個人、引起他們的興趣，讓他們接續著看你後面的書審檔案。換言之，個人簡歷是教授對學生的第一印象。 通常會建議含括：

- 個人基本資料（姓名、就讀學校、班群）。
- 社團參與經歷。
- 幹部經歷。
- 重要競賽及活動參與經歷與名次。

（題外話，筆者本來還放了生日、地址、電話之類的資訊，後來拿給學校老師幫忙看的時候，老師告訴我：「你放生日，教授不會記得跟你說生日快樂、你放電話，教授也不會打電話跟你說你上榜了！」後來覺得滿有道理的就刪掉這些資訊了！）

　　個人簡歷的排版呈現以簡單、乾淨為主，盡量讓教授能夠一目了然你想表達的東西。其他資訊寫在自傳中，教授若有興趣，會自己往後翻閱。

自傳

　　很多人在自傳裡會想放入家庭背景，但筆者要提醒大家，家庭背景不夠特殊就不要寫，除非家庭真的影響自己很多。如果只是「溫馨的家庭、有爸媽的支持」之類的，不但無法與申請動機連結，還會浪費版面又模糊重點！

　　自傳的部分筆者細分成四個小標題，分別是「求學歷程」、「自主學習成果」、「校內修課紀錄」、「未來展望」。

　　「求學過程」是從國中到高中，在這個相關領域裡（也就是你特殊選才報名的領域），所做的所有累積，包含心境上的轉變。例如剛開始學習這項領域的契機、或是有什麼特別的小故事、人格特質的養成、社團經歷、活動參與等等。

這部分要突顯的是學生與該科系的契合度，告訴教授你有多適合這個科系，並且你在這個領域上面做了很多的努力，說服教授你可以勝任他們科系的專業。

同時要注意歷程在精不在多！寫上與科系相關的經歷就好，不需要連捐血救人等等那種不相干的東西也一併寫上來，容易模糊掉你想強調的焦點！

「自主學習成果」與「校內修課紀錄」主要呈現你做這件事、修這門課的整個詳細過程、省思與成果，並量化自己的努力。在資料中確實交代自己做這件事的動機是什麼？用了什麼方式？在這之中遇到什麼挫折？告訴教授你做這些事、選這些課都是有計畫、有想法的，不是因為其他人都做了，自己才盲目跟從。此外，不要一味地說自己哪裡很強、哪裡很好，要告訴教授的是比起其他同儕，你多了什麼付出。可以呈現量化數據（進步多少？排名為全體幾％？），要給教授一個比較值，不然教授也不知道你到底多厲害！

「未來展望」這部分則需要突顯自己對大學生活和未來已經有想法、規劃、以及規劃的原因，像是要朝哪個方向加深學習、未來有興趣的職業（甚至是公司、職位）。要非常明確地告訴教授，自己已經規劃好未來的每條道路，並且對自己有所期許、不畏路途顛簸。

申請動機

申請動機筆者分成四個小標題，分別是「利用特殊選才升學」、「選擇此系的原因」、「選擇此校的原因」、「認識校系的原因」。

「利用特殊選才升學」是解釋為什麼我要使用特殊選才這個管道，有什麼優勢嗎？或是有什麼一定要用這個管道的理由！不然對一般生來說，準備一月的學測或是七月的分科測驗就好，幹

嘛參加特殊選才呢？像筆者在自己的書審裡寫說，我不想拘泥於考卷上的分數，我認為那並不代表我的實力。

接下來「選擇此系的原因」會是整個申請動機最重要的地方！要詳細地告訴教授為什麼你想要讀這個科系，有什麼契機嗎？或是有什麼小故事？這部分也要注意千萬不要只有寫大學營隊。大學營隊可以是動機之一，但一定還要有其他理由來說服教授，單單一個大學營隊是沒有辦法說服教授的！

再來針對「選擇此校的原因」，主要是寫出這個學校的特色，告訴教授為什麼非他們不可，例如筆者當初有一份書面資料寫到：「貴校提倡國際化、業界應用接軌兩大核心，提供學生豐富且專業的課程。」明確地告訴教授：「明明別校也有這個系，為什麼我要選擇你們學校？」這部分如果真的寫不出來可以多瀏覽學校網頁或學系網頁，一定會發現這所大學相比其他大學不一樣的地方（包括風氣、目標、核心價值等等）。

最後寫到「認識校系的原因」時，可以將自己與這個校系的故事放在這邊，比如有聽過這個校系的教授演講，或是有上過這個教授的課程之類的，這些理由是足以成為我想要往這個方向邁步的原動力，並且支撐我完成這整趟路程。

讀書計畫

這部分細分成三個小標題，分別是「近程」、「中程」、「遠程」。版面分配的話大概落在（1：2：1），中程最多、近程及遠程較少。

當初筆者將大一到大四每年分開撰寫，比如以後要修哪個專業學群、預計什麼時候要進實驗室等等。也將「課業」、「課外活動」分開撰寫，因為筆者覺得兩個一樣重要，不想偏重哪一方面。而且課外活動的撰寫也可以呈現出學生對該校系的熱忱！

	課業	課外活動
近程	• 繼續努力準備學測 • 大量閱讀相關書籍與期刊 • 積極參與大學端開放平台課程	• 環島旅行體驗不同文化 • 不斷加強電腦與英文能力 • 考取多益證書 • 心態調整、適應大學生活 • 補辦外科手術假日研習課程
中程	大一 • 注意基礎能力奠定，加強實驗操作 • 善用貴校圖書館，加強不足的地方 大二 • 專業選修生物醫學學群 • 進入實驗室實習與觀摩 大三 • 必修動物生理學 • 利用課餘時間將大一、二所學加以統整 大四 • 選修神經心理藥物學、睡眠生理學 • 準備考取研究所內容	• 累積服務學習時數 • 爭取學生組織領導人物 • 參與社團活動 • 保持優良在校成績、申請獎助學金 • 精進英文與第二外國語言能力 • 積極參與全國三分鐘生科論文口說競賽 • 積極參與系所演講 • 修習跨領域學分學程 （再生醫療科技學分學程）
遠程	• 留在貴校修習臨床醫學研究所 • 統整大學四年所學，並做更深入的研究	• 加入再生醫療研究團隊（如訊聯生技）

讀書計畫範例圖

佐證資料

　　將所有書審中有提到的活動、講座的參加證明或是各類比賽的獎狀，掃描後放進檔案中擺放整齊，下面插入文字描述這張證書或獎座是哪個活動頒發的，簡單、整齊就可以！

　　總結來說，製作特殊選才書審的重點就是以下幾個：

- 經歷撰寫要強調自己的特別、對某個領域的專長，而非你在求學的階段做過很多事情，有關要申請科系的資料再放就好，不然容易模糊焦點，不曉得你到底厲害在哪。
- 用數據量化自己的努力，給教授一個比較值！

關卡 **5** 特殊選才　　183

- 描述每件事時的動機、過程比結果重要太多！盡量寫出挫折、困惑的部分，以及自己後來是如何解決、處理，這才是教授真正想知道的！
- 反覆強調自己與科系的連結，說服教授自己很適合！（推薦使用 ColleGo!）
- 善用小標、表格清楚分類！（淺顯易懂、好理解最重要）

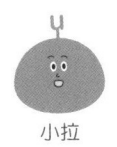

小綾
大概就是這樣！希望這些技巧對你有幫助。

小拉
有，收穫很多，謝謝你！那想再請問學姐，我聽說第一階段書審通過之後，會有第二階段的面試，我想提前開始準備。

小綾
沒問題，我可以分享我當時面試的經驗談。

大學面試不再緊張！
成大榜首不藏私分享上榜四心訣

文／莊愛玲

在這篇文章中，筆者會以個人面試的過程，告訴大家如何在當下穩定自己的心情，也會跟各位同學分享筆者的準備方法和技巧，因此正在準備面試的同學們一定不能錯過！

首先，關於面試這件事，筆者有些想法想和大家分享：

1 面試前緊張是正常現象

筆者當初在面試第一間大學時非常的緊張，這是人生中第一次這麼正式的面試（以前可能有校內徵選面試或是社團幹部、學生會組織幹部面試之類的，但從沒有像大學面試如此正式），而且又關乎到未來大學的錄取，真的是超級緊張（手會不自覺地一直抖）。

2 面試是前是後，各有好壞

在陰錯陽差之下，筆者成為所有人之中第一個進去面試的學生，一開始在網路上爬文爬很久，第一個順位到底有沒有特別的優勢或劣勢，但各種說法都有人說，所以也沒有什麼結論。

不過卻因為在爬文的過程中看見一個說法，讓我很放心地走進去面試：「（前幾位面試的）教授通常都還沒想好要怎麼整學生，一定都是問很基本的問題，越到後面的順位，通常經典問題的罐頭式回答教授都已經聽膩了，會想一些其他（可能偏奇怪）的問題問學生。」

果然整場面試中，教授都圍繞在經典的題目（自我介紹、生涯規劃等等在面試前一定會練習的題目），最後時間到了，走出

面試間時，我對家人比了一個表示很順利的大大的讚，無論其他考生有多強，要相信自己是最厲害的！

3 滿意自己的面試

在第一場面試結束後，我一直告訴自己：「這間面試穩了！」也可能是第一場面試真的讓我得到很大的成就感，所以在後面的兩場面試中，都展現得很有自信又從容不迫（老神在在的樣子），不知道的人還以為我面試很多次了！

我們無法改變已經完成的面試，那就以好的方向去預想結果吧！不用因為前一場面試有表現不好的地方而影響到自己的信心，而是把握好下一場面試，修正先前的錯誤，在下一場發揮得更好！

而在面試之前，除了準備自我介紹之外，你也可以提前做以下準備，讓自己在面試時更從容不迫地表達：

1 找老師、同學練習

筆者當初只有和一、兩個朋友練習過幾次面試，沒有和其他老師預約時間練習，主要是因為特殊選才的面試時間實在有些尷尬，當所有老師都在幫其他同學衝刺學測時真的不太好意思去麻煩老師（加上當初沒有讓太多人知道自己有報特殊選才），所以才沒有特別找老師練習，不過如果老師有空間而且願意的話，找老師幫你練習面試會是一個很好的方法。

不管找誰練習，練習後記得要詢問幫忙面試的同學或老師自己不足的地方（例如講話有過多的語助詞，或是語速太快、太慢的問題）並加以修正，這樣才能把練習面試的效益放到最大。

2 確實練習經典考題

面試經典考題包含：

- 自我介紹。
- 為什麼要來這個校系（就讀動機）？
- 你擅長／不擅長的科目有哪些？你如何準備？
- 給我一個錄取你的理由？
- 有什麼想問我們的問題？

這些都是每個校系 99％ 會問到的問題，事先準備起來的投資報酬率超級高（基本上就是必問題了）。除了上面講的各校系通用的經典考題外，也可以上網或到學校輔導室索取歷屆校系的考古題，就可以大概知道該校系的出題方向，再往那個方向準備。

3 準備時事考題

可以多準備這一年來國內外與你申請校系相關的時事。假如遇到有公投案的那年，也都要了解每個公投案本身的內容以及自己的想法，可以事先思考自己支不支持以及原因是什麼，這樣面試被問到時，可以從容地應對，也可以舉出更多有說服力的論點或是想法。如果真的沒有想法的話，可以看看各大新聞的新聞稿，找一個自己最喜歡的講法背下來，如果面試問到就可以讓教授覺得自己有針對議題查詢過資料。特別注意如果回答任何需要選邊站的題目，切記不要帶有惡意批評，盡量以客觀事實陳述！

以上是面試前可以做的準備，接著筆者想跟大家分享自己面試當下使用的四個心法：

1 不斷說服自己很棒

雖然看起來很無厘頭，但這點真的很重要，我覺得是所有心

訣中最重要也最有效果的！其實我們面試前的焦慮，很大部分都是源於對自身的質疑與不確定感，害怕教授不喜歡自己、擔心自己是否有資格？但是說實話沒人知道怎麼樣才夠有資格。所以在面試前要不斷地告訴自己：「我很棒，我只需要利用這十五分鐘告訴教授，我有多適合這裡。」畢竟你第一階段的篩選都通過了，那又何必擔心自己不夠好呢？

2 面對不會的題目，勇於表達想法

過程中，最害怕遇到不知道如何回答，但又不得不回答的場合，所以要學習調適自己的心態，不斷說服自己一定要開口說，就算只有一點點也好，至少不要完全不講話。當初我都是想著：「反正最多也就是落榜，以後也不會再見面，丟臉就算了！」總比面試時不說，面試後才來懊悔為什麼剛剛不試著說一些話好。更何況其實教授們有時候也不是真的想測試你懂不懂，而是在考驗學生是否有積極面對、挑戰困難的勇氣。教授們都知道，我們只是高中生，如果連大學的東西都會了，那去讀大學做什麼呢？當然也不是鼓勵大家隨便回答，畢竟討論到專業知識，教授絕對比你還懂，這邊提供大家一個模板，在回答這些專業知識題，或是你不太確定答案的題目時可以直接套用：

「我不太確定這個答案，不過就我所學的內容去推測的話，我覺得應該是……（你的回答），若有我理解錯誤的地方，還請教授們指正。」

不要不懂裝懂或馬上說不知道，而是依照所學的先備知識去推論，並在結尾時請教授指證是否有誤，不只表現謙虛的學習心態，也能表達自己的想法。

3 教授情緒與自己的表現沒有直接關聯

每個教授在每場面試的角色定位都不相同，有的是白臉、有

的是黑臉。即便你的內容講得再好，黑臉教授依然是那張撲克臉、你講得再爛，白臉教授依然笑咪咪地看著你。所以，要不斷地告訴自己，在笑的教授不見得喜歡你，沒在笑的教授也不一定討厭你。在面試時，只需要堅定地看著教授，不需要太過理會教授們的表情，你只要表現得讓自己滿意，那就足夠了！不需要透過教授的表情來直接評斷自己的表現。

4 面試是雙向的過程

面試的過程中並不只是大學在選擇適合的學生，更是讓學生有機會進一步認識校系的方式，可以看看這個校園的環境、教授的講話方式、學長姐的態度來決定這是否是你想像中的大學生活。不要總是把自己侷限在被面試者，換個想法，其實你也正在面試教授！

在整場面試的過程中，其實並沒有所謂的誰地位高或誰具有絕對的選擇權。我們只需要不斷告訴自己：「這場面試機會得來不易，對我來說非常重要，但我也有選擇的權力，不需要為了得到教授的歡心，無條件地討好面試官，而是呈現最好、最真實的自己。」不再把自己視為弱勢方，自信自然而然會跑出來。

如果看完以上分享還是很焦慮不安的話，不妨可以閉上眼睛模擬一下面試當下的感覺，像在彩排自己的面試一樣。當不確定性降低了，或許就不會那麼不安！又或是可以找有經驗的學長姐聊聊你焦慮的地方，或許可以更有效地調適心情。記住面試的重點是清楚、真實地表達出自己想說的東西、說服面試官錄取你，只要掌握上述心訣，相信各位考生都能金榜題名、一切順利！

關卡 **5** 特殊選才　　189

小綾

另外，小拉我建議你把特殊選才當成其中一個升學的機會，不要孤注一擲把全部心力投注在特殊選才上，可以雙管齊下，一起準備學測。

好，我知道了，但我從現在開始才準備會不會太晚？

小拉

關卡 **6**
學科能力測驗

小綾
> 絕對不會！只要有心想認真準備，現在開始也來得及哦。

小拉
> 太好了！那我要趕快來研究看看該怎麼準備比較好。

小綾
> 讓我來跟你分享我當時的準備方法吧！

高三才準備學測來得及嗎？
學測複習計畫分享！

文／吳維臻

　　即將升上高三才開始準備學測來得及嗎？學測的進度要怎麼安排？暑假將至，這也意味著高二升高三的你，即將成為學測戰士、為自己的未來努力。本篇文章中，筆者會以社會組考生的角度，分享當時備考學測的複習計畫，以及如何進行有效的時間與精力管理，幫助你高效準備學測！

　　規劃學測複習的進度在準備學測的前置作業中，扮演了很重要的角色，以下筆者會分享我的學測複習進度安排。

1 暑假～第一次模擬考

　　這段期間的複習會以第一次模擬考的範圍為主。因為筆者有上暑輔，所以主要跟著學校暑輔進度走，以下是筆者統整自身進度加暑輔進度：

- 國文：每天練習閱測兩～三篇、讀一模範圍的古文十五。
- 數學：寫一模範圍的複習講義為主，若沒有排講義進度會至少算五題維持手感。
- 英文：每天練習閱測兩～三篇、非選部分（作文＋翻譯）每週一篇（要給老師改！）。
- 社會：將一模範圍熟讀到每看到一個觀念就可以馬上想到大致的脈絡，同時將複習講義寫完，如果有餘力再寫其他純題目的參考書。

　　我想身為學測生的你一定會有一個疑問：「要不要參加學校的暑輔？」筆者當初得知學校會在暑輔期間安排各科老師進行學

測複習，且以第一次模考範圍為主，認為這跟自己原本的計畫並不衝突。同時老師再上一遍對我來說可以達成有效複習，因此選擇參加暑輔。身為學測生的你可以從暑輔課程的內容、班級環境、個人自律程度等評估自己需不需要上暑輔，這絕對沒有標準答案！

開學之後，距離第一次模考就剩不到幾天，所以大家一定要把握暑假的時間將一模範圍讀到精熟，如此一來，在日後需要兼顧第三冊以及選修第五冊的壓力下，才不用花太多心力補救。

2 第一次模擬考～第二次模擬考

準備二模時已經開學了，不像暑假時有那麼完整的時間可以複習，所以有效率地規劃讀書進度非常重要。

筆者會先將二模的考試範圍切分成很多個小部分排進每一天，並預留一個禮拜的時間做最後的統整與複習。除了二模的新進度外，針對一模範圍，筆者會透過穩定做題來維持手感；而國文、英文是屬於比較沒有範圍的科目，因此筆者會以暑假～一模期間的作法為主，除此之外可再多加強英文克漏字。

3 第二次模擬考～第三次模擬考

二模到三模期間學測進度已經準備到一個段落了，所以筆者以寫歷屆模考為主，而國文、英文則繼續練閱測及非選維持手感。

在大量刷題時，筆者有兩個重點想要強調，一定要計時跟訂正！刷題時可以計時比規定時間還少十～十五分鐘，讓自己在學測作答的時間控管上有比較多餘裕；而訂正不能只是把詳解抄在題本上，可以再另外做一份錯題筆記，將錯的題目跟觀念抄寫在一起，這樣在往後複習時，就能較快的知道自己不熟的部分並加強練習。

4 第三次模擬考～學測

　　三模後我有請溫書假在家讀書，利用這段期間，筆者會去圖書館照著學測的考程寫歷屆試題，其中近三到五年的試題會在靠近學測的時候再寫第二遍，這樣的安排除了能使自己維持手感，也不會因為寫到太多不會的題目而感到過度挫折。

　　在每一次寫完題本時，我也會使用前面提到的方式做錯題筆記，增加自己對這些考點的印象，尤其歷屆試題會是最接近學測出題的方向，所以更要著重訂正跟複習。

　　「要不要請長假？」也是很多學測生會遇到的問題，包括筆者自己也是。當時我因為去學校的通勤時間較長，加上個人比較偏好自己安排時間，所以選擇請假在家讀書。在選擇是否請長假之前，可以先在腦海中思考一下，若是習慣每天聽鐘聲幫你準確的區分時間、喜歡跟同學一起讀書的感覺、傾向能有問題立刻得到老師解答的話，待在學校自習是很好的選擇。但如果你可以自律讀書、怕通勤時間長而壓縮到讀書時間、也找到除了學校以外適合自己讀書的環境，那很鼓勵你請長假！

　　總之，高三到學測前可以這樣安排：

	暑假～一模	一模～二模	二模～三模	三模～學測
國文	每天兩～三篇閱測＋第一～三冊古文十五	每天兩～三篇閱測＋第一～四冊古文十五	每天兩～三篇閱測＋每週一篇國寫＋歷屆模考	每天兩～三篇閱測＋每週一篇國寫＋學測歷屆
數學	第一～二冊複習講義	第一～二冊刷題＋第三冊複習講義	第四冊複習講義＋歷屆模考	學測歷屆＋錯題筆記
英文	每天兩～三篇閱測＋每週一篇非選	每天兩～三篇閱測＋每週一篇非選＋每天一篇克漏字	每天兩～三篇閱測＋每週一篇非選＋歷屆模考	每天兩～三篇閱測＋每週一篇非選＋學測歷屆

	暑假～一模	一模～二模	二模～三模	三模～學測
社會	第一～二冊複習講義	第一～二冊刷題＋第三冊複習講義	歷屆模考＋錯題筆記	學測歷屆＋錯題筆記

　　除了安排好計畫之外，確實執行更重要！而確實執行的關鍵就是時間規劃。你是不是也曾經打開手機想要搜尋時間管理或時間規劃的方法，卻在看完別人的文章跟影片後依然毫無頭緒？學測的準備是場持久戰，誰能撐到最後絕對比誰一開始衝得快來得重要！筆者要跟你分享四個我的時間規劃心法：

1　區分事情的輕重緩急

　　學測準備期間我們手邊的事情會變得很單純，基本上就是以讀書為重，但同時依然會有其他在你心中算是重要的事，比如與朋友徹夜談心、回訊息、八卦同學等。但如果這些事情會影響你讀書的穩定性跟情緒，那請先簡單地衡量一下，它們對你來說真的重要嗎？

　　在時間規劃之前，你應該要先了解什麼對你來說是最重要的。比如你現階段的目標是升學，那麼對你來說，讀書就是重要、必須花最多心力做的事；然而你若是把時間花在別的事情上，那精力便會在無形中被消耗，使你離自己的目標越來越遠。人的精力有限，要將時間花在真正有必要的事情上。

2　在精神最好的時候讀最困難的科目

　　熬夜念書到凌晨真的會讓成績提升嗎？早起就是自律的表現嗎？其實筆者認為是不一定的。每個人在一天內的精神狀態變化都是不一樣的，透過不斷地觀察跟嘗試，才能了解自己一天的能量改變。

　　筆者自己嘗試過熬夜讀書、嘗試過早起讀書，也嘗試過一天

只睡兩三個小時。在經過多次嘗試後，我發現自己需要睡六～八個小時才會比較專注，且早上是我注意力最集中的時候，所以我會選擇將自己最不擅長的科目排在早上，並且前一天提早睡覺，確保能早點起床，把握注意力較集中的黃金時段。

總結來說，不是每個人都適合早起，也不是每個人都適合熬夜。我們應該要先了解自己的精神狀況再去做時間規劃的考量，而不是讀的時間長就一定比較好。

3 條列待辦事項比僵化時間表重要

做計畫是時間管理中很重要的一環，筆者非常推薦使用條列待辦事項的方式來規劃時間，先列出一天需要完成的任務，將事件分出輕重緩急，再將時間切成多個單位，把任務安排進去，更能把握零碎時間。

因為學校有課程安排，很難有完整的一整天給我們規劃，所以時間表就會比較不適合高中生。待辦事項相較於時間表的優點在於，你是將完成任務設定為今天的目標，也讓時間規劃更有彈性。

4 每日時間規劃復盤

復盤其實就很類似我們在讀書的時候需要針對錯題進行訂正，當你過完一整天後，可以重新回想幾個問題：「今天做了哪些事？我如何運用今天的時間？計畫達成的成效是否符合自己的預期？」

筆者會在每天晚自習結束搭車回家的路上開始復盤一天的時間規劃與運用，回想自己有沒有浪費時間、待辦事項是否超出一天所能負荷的程度。回想的過程可以重新檢視時間規劃，看看有沒有什麼部分是不符合預期的，而導致這個結果的原因又是什麼。透過復盤找出問題，再從中慢慢將計畫調整成最適合自己狀

態的模式。

除了以上時間管理方法外，筆者也想回答一個學測考生常常會面臨到的問題，「如何兼顧選修第五冊跟學測進度？」而我認為這與時間規劃有密切關係，當你可以好好規劃時間，就可以有效兼顧！

筆者當時會在上課的時候專心學選修內容，不使用上課時間做其他事。晚自習跟假日等比較完整的時間段讀學測範圍，而到鄰近段考的一～兩個禮拜再全力衝段考。

簡單來說就是「在對的時間做對的事」，該上選修的時候上選修，該讀學測的時候讀學測，不要在一個時間段裡同時想讀兩個完全不同的內容，這樣反而會使你兩邊都沒顧好。

最後，如果你認為時間不是你遇到的最大問題，而是讀書時沒有精力的話，可以參考精力管理！在《哈佛商業評論》中提到關於精力管理的四個面向，分別是健康（Physical Energy）、情緒（Emotional Energy）、精神（Mental Energy）、心靈（Spiritual Energy），透過一些方法讓這四個面向達到穩定，會使你的精力大幅提升，進而讓你更專注！

筆者在準備學測時，將這四個面向應用在我的學測生活上，讓我在複習時可以更快進入讀書狀態也更專心。我將四點的內容濃縮成八個小撇步：

1. 在固定的時間上床睡覺。
2. 少量多餐、規律運動。
3. 專注一個半～兩個小時要有短暫且規律的休息。
4. 遇到負面情緒深呼吸五～六秒。
5. 從客觀角度看待問題並改善、不怪罪外在條件。
6. 遠離會使你分心的東西。
7. 提前一天做好隔天的讀書規劃。
8. 建立屬於自己的目標、讀書的意義。

這八點當中讓筆者改變最大的是第三點的規律休息，以前的我即使很累，也會硬撐著讀下去，過了很久才休息，去滑手機、看影片等等，但這樣反而在下一個時間段很難重新專注讀書。因此在準備學測時，筆者改成每讀一個半～兩個小時後給自己短暫的休息，但休息的時候不滑手機，會小睡一下或站起來走一走，等把一整天該完成的進度完成後再去做其他的娛樂活動。

學測複習不只是要管理自己的讀書進度，同時也要管理自己的身心靈健康，才能讓自己可以維持穩定的讀書動力，並且不容易在考試的時候失常！

以上就是筆者整理的複習心法。複習計畫沒有所謂的對和錯，只有適不適合你。筆者想跟所有的學測生說聲辛苦了，學測準備時程相較於會考緊湊多，準備上難免會有些迷茫，但希望透過這篇文章可以讓你們找到一些規劃讀書進度、調整學習狀態的方法，祝大家都可以考上自己理想的學校！

Chapter 4 面對高中的魔王關──考大學！

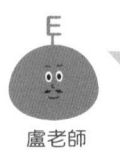

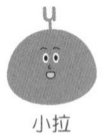

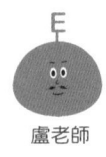

~~~~~~

某一天的早自習，班上同學心情異常沉重，原來今天是模擬考成績公布的日子。看到成績單的小拉心情相當沮喪，正想前往操場跑步轉換心情時，在走廊上遇到了盧老師。

盧老師： 嗨～小拉，好久不見，你怎麼看起來鬱鬱寡歡的樣子？

小拉： 老師好，今天公布了模擬考成績，雖然比起一開始有進步了，但離我想要的校系分數還是有點差距。

盧老師： 原來是這樣，小拉，模擬考分數有所起伏是很正常的，所以有點沮喪也沒關係，不過即使如此還是要盡快進行調整，不能一直沉浸於負面情緒之中。

小拉： 那，老師，想請問具體該怎麼做呢？

考不好心情好差怎麼辦？
模考後心態調整五步驟！

文／吳維臻

學測剩下短短幾個月，還在因為成績而心情不好怎麼辦？本篇文章筆者會透過自己的經驗教你如何在考後調整心態，並且重新檢視自己以及制訂新計畫。

1 吃飽去睡覺

心情不好的時候吃到喜歡的食物、好好睡一覺真的很療癒，尤其是甜的食物可以有效地讓心情變好，這邊筆者想推薦幾個好吃的食物給心情不好的你，都是比較容易取得的連鎖店甜點：

1. 全聯——72% 特級巧克力捲（$85）：雖然是有奶油的巧克力捲但不會太甜膩，喜歡吃苦甜巧克力的人可以試試看。

2. Subway——軟餅乾（$25／片）：軟餅乾平常吃會覺得有點甜，但心情不好的時候吃會覺得很療癒。

3. 星巴克——檸檬塔（$70）：吃起來會帶酸的檸檬塔，餅皮偏厚不會太濕軟。

4. 7-11——日式生乳捲（$52）：吃下去會有微微的乳香，搭配海綿蛋糕真的超療癒，喜歡吃甜點的人一定會喜歡。

5. 全家——可麗露（$42）：有些可麗露吃下去會很乾，但全家的吃起來會有點奶油感不會太乾，喜歡吃可麗露的人可以去試試看。

講到甜食絕對不能少了飲料，筆者算是個超級飲料人，走遍各大連鎖飲料店，下面精選了幾個心情不好必喝的療癒系飲料：

1. 迷客夏——琥珀烏龍拿鐵＋珍珠（$70／L）：很推薦給

平常有在喝茶的人，點無糖加珍珠會有珍珠的甜味搭配茶香，不過如果平常沒有習慣喝茶的人可能會覺得有點苦。

2. 五桐號──綠茶多多凍飲（$65／L）：多多綠算是經典不敗的飲料，加上綠茶凍之後會更有口感，心情不好就是要喝有加料的飲料！

3. 萬波──金萱珍波粉（$40／L）：很多飲料店都有金萱茶，但萬波的粉粿配上金萱茶真的是絕配！

甜點跟手搖飲料實在太多了無法一一列舉，以上是筆者的主觀評價，如果有興趣的話歡迎去吃吃看，希望心情不好的你吃了這些甜食後可以開心一點！

2 出去走一走吹吹風

學測的考試日期在寒冷的年初，加上有時候北部突然下雨，心情真的會很不穩定，因此筆者會去操場走走來轉換心情。

學測前筆者都會留在學校晚自習，愈接近學測愈容易心情不好，我跟朋友會在飯後去操場走走、轉換心情，順便消化一下。有時候一直坐在固定的地方很容易會覺得疲憊、累積負面情緒，所以推薦大家可以出去外面散散步轉換心情。

3 跟朋友、老師聊天

心情不好的時候，嘗試把自己的煩惱說出來會舒暢很多！

筆者之前心情不好的時候會把自己的煩惱跟朋友說，有時當他們給予我反饋，我就會發現其實事情沒有我想得那麼糟，我只是容易因為考試的壓力而對每一件小事都過度焦慮，透過別人給我的正向反饋會讓心情放鬆很多。

另外，也可以跟老師討論目前遇到的問題，尤其是因為模考考不好而心情不好的同學，可以去詢問老師該怎麼提升成績？或

讓老師幫忙釐清你目前的問題、給你一個可以改進的方向。這不論是對心情調適或成績都有一定的作用。

4 檢視自己可以改進的部分

在完成以上三個步驟之後，你的心情應該會稍微得到緩解，這時可以來檢視自己哪裡需要改進才能考得更好。筆者一般會透過回想的方式，去想在這段期間我都怎麼讀書？如何規劃讀書計畫？我的待辦事項真的有完成嗎？透過思考這些面向，找找看有沒有什麼問題。

如果不知道問題出在哪裡，可以像上面提到的方法，跟老師討論或者問問看其他同學的讀書方法，再比較與自己的有什麼不一樣，諸如此類的作法可以讓你比較容易發現自己讀書上的盲點。

5 重新規劃複習方法

檢討完可以改進的部分之後，就可以重新規劃接下來的時間，以及該如何修正原本的讀書計畫。筆者會進行以下三個步驟：

1. 確認自己剩下多少時間。
2. 合理安排待辦事項。
3. 不對原本的生活模式做過大的調整。

你必須先確認自己有多少時間？而需要改進的部分又有多少？以此思考哪些是在這個的時間段內，可以合理安排、透過努力去改變的事情。舉例來說，假設在三模後你發現你的問題是第一冊後半部沒有看熟，只要找時間回去讀就可以解決。但如果你的問題是單字量不足，這可能不是短時間可以透過努力達成的事情，那你只能取捨，先去解決有可能被解決的問題。

當確認自己有多少時間後，就可以開始計畫要做什麼改變，筆者會把讀書計畫做成待辦事項。例如，你第一冊後半部沒看

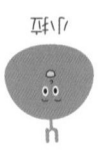

熟，那你可以將章節拆分成小章節平分在剩下的時間內。而若你的問題是英文單字量不夠，不太可能重新開始背 7000 單，那我就會把背 7000 單這個待辦事項的範圍縮小，如將課本或題本寫過的單字背熟，使待辦事項的可達成性高一點。

可達成性高為什麼很重要？因為我們現在不只要解決考試相關的問題，也要顧及備考心情，所以如果你重新訂定的計畫是無法達成的，那這個方法不僅沒辦法緩解你的焦慮，甚至會強化它，在鄰近考試、時間有限的時候，不是一個好選擇。透過制定可達成性高的計畫，除了能在有限時間內做最大程度的改善之外，也能讓你比較有方向而緩解焦慮感，維持狀態穩定去應對考試。也因為要維持穩定，筆者不建議大家在考試前大幅度更動生活模式及讀書方法。

最後想告訴大家，模考結束後難免都會有一些心情不太好的狀況，希望上述的方法可以讓心情不好的你獲得治癒。

經過了無數個挑燈夜戰、認真讀書的日子，時間飛快地來到了十一月，這天是第一次英聽成績公布的日子，克也與小拉也正在等待成績。「叮咚！」簡訊到達。

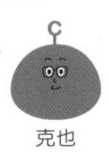

> 小拉
>
> 哇，我只有 B，雖然已經不錯了，但我其中一個理想校系要求英聽要 A 等第。可惡，好想再拚一次。克也，你願意告訴我你的成績嗎？

> 可以呀！我這次是 A。
>
> 克也

> 小拉
>
> 哇，你好厲害，可以告訴我你是如何準備的嗎？還有第二次英聽，我想再試一次。

學測英聽怎麼準備？第二次英聽練習方法與準備計畫分享！

文／子甯

　　這篇文章中，筆者將以自己英聽測驗全對的準備經驗，跟大家分享從第一次英聽成績公布到第二次考試之前，你該利用這一個半月的時間做哪些事情，才能有效進步。如果是現在正在準備第一次英聽的同學，也可以參考本文中提到的一些練習方法。不過以下練習方法的時間規劃只是筆者的建議，大家可以根據自己複習其他科目的情況做調整！

　　首先，在收到成績的簡訊通知當下，你該先做這兩件事情：

1 確認採計校系

　　先判斷學測英聽的成績對你來說重要嗎？其實大部分校系都不需要英聽 A 級的成績，因此在開始安排英聽衝刺計畫前，應該先確認你是否真的會在升學的過程中需要更高的英聽成績。準備英聽勢必會壓縮到準備其他學測科目的時間，因此如果你的目標校系並不採計英聽，或是它要採計的分數你已經達到了，那筆者會建議你不用投入太多準備心力。

　　事實上，113 年個人申請採計英聽的三十四個校系中，僅有十五個要求英聽 A 級，而且大部分都是外文系、英文系，或是有較多英文授課的學系（例如成功大學的普渡雙聯組、政治大學的創新國際學院學士班）。因此如果你未來沒有計畫申請這類型的學校，就可以把更多重心放在學測！

2 根據採計情況安排計畫

　　接著根據剛剛確認的採計情形，以及你自己目前的英聽能

力，可以開始安排衝刺計畫。如果是能力已經快達到自己的目標的同學（例如離目標等級剩下一兩題的距離、第一次英聽受到身體不舒服等情況影響而失常），那筆者建議你每週規劃一～兩個小時的時間寫題目維持手感即可。不過如果你需要有更大幅的進步才能達到自己的目標（例如目前是 B 的中間程度想進步到 A、想從 C 進步到 B 等），那就會需要投入更多心力與時間。

針對第二種同學，筆者建議你平日每天規劃二十分鐘到半小時的時間給英聽，假日則最好有一段較完整一～兩個小時的練習時間。至於這段時間該安排哪些練習呢？接下來看看想大幅進步的你，要在倒數一個半月時做哪三件事。

英聽考試困難的點在於同學需要同時聽、吸收、理解、思考、並產出答案。倒數一個半月時的練習重點在於提升這幾個能力。因此剛開始還不適合一直刷題，你更應該做的事情是利用各種練習方法，從各個面向提升英聽準確度。

聽、吸收、理解：無字幕追劇

如果想加強自己面對英文的聽、吸收和理解能力，無字幕追劇絕對是一個很好的方法！這種方式不但比較輕鬆、能順便看劇之外，也是強迫自己吸收理解的好作法。很多人在聽到不熟悉的語言時，會自動跳過許多重要的內容，但面對連續的劇情，如果不能理解前面發生什麼事情，就沒辦法接著看，因此大腦會更努力地理解每一段內容。

無字幕追劇也不用找太多額外的練習資源，用 Netflix 等串流平臺直接把字幕關掉即可。或是如果你平常有喜歡的英文 YouTuber、脫口秀演員等，也可以試著用他們的影片練習看看。這個練習方法比較開心愉快，能作為平時讀書的調適之一，建議一週安排兩到三次，並安排在讀書比較累的平日！

思考、產出：進階聽力練習

接下來要練習思考與產出，可以試著做一些進階的聽力練習。寫題目是最直接的作法，例如可以寫多益英聽的一小部分。多益聽力題目非常的長，如果要用來練習學測英聽，可以分成三、四次聽，或聽前面比較簡單的部分就好。雅思英聽的二、三大題也可以拿來做練習。這些大型英檢的題目比學測英聽容易取得許多，因此如果沒有很多英聽的題目可以寫，平日可以先用這些資源進行短短的練習，把題目留到有完整時間的時候再寫。

除了寫題目之外，另一種進階練習是聽英文演講寫摘要，簡單記錄一下內容。同學可以試著撥放一段五～十分鐘的英文短講（例如 TED-Ed 有許多五分鐘左右的短演講），邊聽邊稍微做筆記，並在聽完後試著寫出演講內容的摘要。這是最紮實但也最辛苦的練習方法，比較建議想從 B 進步到 A 的同學再嘗試。雖然一開始會很困難，但只要可以成功，保證會有很大的進步！這兩種進階練習也建議同學在平日安排兩到三天進行。

刷題後有效訂正：Shadowing 跟讀法

假日時，同學則可以利用比較完整的時間，來寫一回題目。寫題目大家都會，但寫完之後，英聽到底該如何訂正呢？由於英聽不像其他科目一樣可以透過抄詳解、建立錯題本等方式有效訂正，因此很多同學寫完題目之後，就不知道該怎麼處理了，但其實有個方法可以很好的訂正英聽，就是 Shadowing。

Shadowing 的作法簡單來說，就是邊聽邊複誦你聽到的內容。在過程中聽跟說是同時而不是輪流進行，因此算是較高難度的練習。同學們寫完英聽之後，可以再次播放錯題的音檔，試著透過 Shadowing 釐清題目的每個字。Shadowing 能讓你用「聽」來訂正，而不是用「看」詳解的方式訂正聽力考試，絕對會讓你

花在訂正上的時間更有效。

來到最後一週，就是衝刺刷題的時間了。這時候可以做最接近真正考試的題目，也就是大考中心公告的試題！

大考中心的網頁共有三回試題給各位同學嘗試。因此最後一週大家可以以一天寫題目、一天訂正的形式交錯進行。利用這些接近正式考試的題目，幫自己在考前累積手感。筆者也要提醒大家，最後刷題的重點在於手感跟心態，所以不用因為感覺做錯很多而焦慮。不論當下你的能力如何，維持穩定的心態，一定能幫你拿到更好的成績。

以上是筆者建議的準備計畫，分成以下三個階段：

- 收到成績當下：查看採計校系與分數、安排對應計畫。
- 倒數一個半月：無字幕追劇、寫題目、挑戰短講摘要、有效訂正。
- 最後一週：大考中心試題示例。

最後祝各位同學準備過程一切順利，並順利取得自己的理想成績！

關卡 **6** 學科能力測驗 207

新的一年悄無聲息地到來，不過這對高三生而言可不是什麼值得慶祝的消息，相反地，這意味著再過不久，學測即將來臨。此時，克也注意到有些二類組的朋友也正如火如荼地準備 APCS，好奇這是什麼的克也回家問哥哥和也。

克也

> 哥，我看到有些二類組的朋友除了讀書之外，還會帶著電腦很認真地不知道在做什麼，一問之下才知道他們在練習 APCS。這是什麼呀？

> 哦，APCS 啊，哥哥我當初也曾經報考過呢，這項檢測是專門測驗高中生程式設計的能力，也能成為升大學的其中一個管道喔。

和也

克也

> 這就是我在簡章上看到「APCS 組」的原因嗎？感覺好有趣，哥，你可不可以再多說一點？

一篇文看懂 APCS：考檢定還可以申請大學？考前必知的事項都在這

文／子宵

　　新課綱下的升學方式有千百種，你真的都了解了嗎？想申請資訊相關學系的你，知道要如何用 APCS 檢定申請大學嗎？今天筆者就帶大家來認識一下 APCS 檢定是什麼？又要如何在檢定中取得佳績，申請上理想學系呢？

　　APCS 全名為大學程式設計先修檢測（Advanced Placement Computer Science），顧名思義，APCS 是參考美國的 AP 課程，設計給高中生參加的程式檢定。檢測內容主要為考生的基礎演算法設計與邏輯思考能力。而 APCS 的重要性在於，它是申請大學階段唯一會列入採計的程式檢定，而且不用報名費，因此建議對資訊學群有興趣的同學都把握每一次機會去參加看看，是一個不用花錢就能增加升學機會的好方法。

　　APCS 還有以下這些特色：

- 分為觀念題和實作題兩部分。
- 觀念題考試時間一節一小時，總共兩節，實作題考試時間為兩個半小時。
- 舉辦時間：每年三次（大約落在學期末和十月）。
- 考試地點：各大學。
- 成績應用範圍：大學 APCS 組申請、資訊奧林匹亞海選報名（實作題三級分以上）、抵免大學程式設計學分。

　　聽起來好像是個很不錯的考試，可是 APCS 會很難嗎？什麼樣的同學適合參加 APCS？任何學過程式的人都可以挑戰看看 APCS。而難度的話，根據考過的學長姐表示，APCS 的實作題比起其他資訊競賽，比較不會出現刁鑽的題目，學習程式只需大

約三個月左右就有機會拿到 3 級分。而且 APCS 的題目模式與難度非常固定，題目難度也會按照順序排列，所以大家只要按照順序挑戰看看就好！

不過建議大家在參加前先到 ZeroJudge 高中生程式解題系統上練習看看歷屆考題，確定自己大概能達到幾級分。若是能拿到 3～4 級分的成績，對於大學申請才會比較有幫助，所以建議先達到理想校系的檢定分數再去參加。

而觀念題也不會太難。APCS 官方有提供一些觀念題的範例。學長姐表示，只要完成官網範例，基本上就可以考滿高分的，所以很推薦大家去試試看。而且 APCS 也可以單報觀念，所以就算對實作沒有把握也沒關係，先去挑戰比較容易準備的觀念題，就能讓你在升學時多一份檢定成績！

看完 APCS 的基本介紹，接著要來看看 APCS 如何幫助各位同學申請大學。APCS 成績在大學申請的過程中，有點類似學測成績，作為一階篩選的門檻。以 113 年為例，一共有十二個校系要求 4 級分以上，其餘則多要求至少 2～3 級分的成績，以下是筆者整理出採計 APCS 成績的校系：

觀念 4 級 + 實作 4 級	中央大學資訊工程學系、清華大學資訊工程學系、臺灣大學資訊工程學系、陽明交通大學資訊工程學系
實作 4 級	中央大學資訊工程學系（資安組）
觀念 4 級 + 實作 3 級	中山大學電機工程學系、中興大學資訊工程學系、彰化師範大學資訊工程學系、成功大學工業與資訊管理學系、政治大學資訊科學系、臺北大學資訊工程學系、臺灣師範大學資訊工程學系
觀念 3 級 + 實作 3 級	中央大學資訊管理學系、中正大學資訊管理學系、臺北教育大學數學暨資訊教育學系人工智慧與資訊教育組、臺灣海洋大學資訊管理學系、陽明交通大學資訊工程學系（資安組）

觀念 3 級 + 實作 2 級	宜蘭大學資訊工程學系、暨南國際大學科技學院學士班及資訊工程學系、資訊管理學系、東華大學資訊工程學系資工組、臺北教育大學數位科技設計學系、臺南大學資訊工程學系、金門大學資訊工程學系、高雄大學資訊管理學系、高雄師範大學軟體工程與管理學系、臺北市立大學資訊科學系
觀念 3 級	成功大學生物科技與產業科學系
觀念 2 級 + 實作 2 級	元智大學資訊工程學系及電機工程學系、宜蘭大學資訊工程學系、聯合大學資訊管理學系、金門大學電機工程學系、東吳大學資訊管理學系、東海大學資訊工程學系、淡江大學人工智慧學系及資訊工程學系及資訊管理學系及電機工程學系電機資訊組、輔仁大學資訊工程學系及資訊管理學系及電機工程學系、逢甲大學資訊工程學系、銘傳大學資訊工程學系、高雄醫學大學醫務管理暨醫療資訊學系
觀念 2 級 + 實作 1 級	聯合大學資訊工程學系
觀念 2 級	實踐大學資訊科技與管理學系、義守大學資訊工程學系、靜宜大學資訊傳播工程學系及資訊工程學系及資訊管理學系

如果對以上校系有興趣，千萬不要錯過 APCS 檢定。多了 APCS 這個篩選門檻，你就有機會以稍微較低的學測成績，錄取想申請的校系！

以上資訊是為還沒報名參加 APCS 的同學整理，而如果你已經報名了 APCS，應該會注意到官網上的檢測資訊非常複雜。不過不用擔心，筆者已經幫大家整理好注意事項了！

1. 考試模式──僅最後一個檔案會被評分：APCS 和其他資訊競賽在作答模式上有一個很大的不同點，那就是只有最後一個提交的程式會被評分！所以自己細心檢查會成為拿高分的關鍵之一。

2. 考試時間嚴格：有別於學測在考試開始之後的二十分鐘都還能入場，APCS 的入場時間規定更為嚴格，檢測開

始後即無法入場參加測驗，建議要提早抵達。

3. 攜帶證件與文具：雖然檢測通知不用列印，但當天要記得帶身分證件（中華民國國民身分證或中華民國護照），也可以準備筆幫助作答（每節次會提供計算紙乙張，但不能自己攜帶紙張到座位），水壺也可以攜帶！

4. 先熟悉官方規定的文字編輯器：APCS 的簡章有公告考試可以使用的三種文字編輯器：Eclipse、Code::Blocks、Python。建議使用 C++ 的同學可以使用 Code::Blocks；用 Python 則可以用 Eclipse。

文章最後，讓筆者帶大家一起考前複習一下考試時可能會用到的觀念吧！

- 遞迴：當題目用迴圈不好下手時，可以試試看用遞迴，但是也不要遞迴太多次，否則可能會耗費太多時間。

- 圖的遍歷（Traversal）：第三題或第四題如果遇到有圖的題目，很常會要求考生走遍那張圖，這時候選擇對的遍歷方法非常關鍵。如果題目要求找到最短路徑，可以使用 BFS（廣度優先搜尋）。如果是要輸出所有可能路徑，可以使用 DFS（深度優先搜尋）。

- 單調性的變量可以用二分搜尋法：APCS 的實作題第四題高機率會出現單調性的變量，而那個變量很可能就是答案，所以建議可以對答案使用二分搜尋法（Binary Search），就能更快找出正確解答。

看完今天的文章，相信各位同學都對 APCS 有更多了解了。若你是透過這篇文章第一次認識 APCS，千萬不要忘記關注相關資訊，讓自己多一個升學機會。預祝大家取得佳績！

關卡 7 繁星推薦

總算考完學測了，正當小拉覺得鬆了一口氣，想出去玩，放鬆一下時，突然想起克也最近好像很久沒有聯絡她，於是決定更換目的地，改去克也家玩，順便關心他最近在做什麼。

克也：歡迎！

小拉：你最近都在做什麼呀？明明學測已經結束了，但你看起來怎麼還是緊張ㄅㄅ的？

克也：哦，我想要走繁星這個管道，我在校成績還不錯，應該可以拚拚看。

小拉：哇，好呀！那我陪你查詢繁星的制度與時程。啊，有了，這篇文章講得很完整。

繁星制度怎麼玩？三分鐘帶你認識繁星升學制度&時程

文／莊愛玲

　　又到開始選填繁星推薦的季節了，面對這個繁瑣、細節又多的制度，大家是否有很多問題呢？這次筆者特別邀請到 110 年應屆繁星上榜長庚醫學大學醫學系的學姐來幫我們簡介繁星的升學制度，希望透過這篇文章能夠一次解決大家的所有疑問，幫助大家申請上想要的科系！

　　繁星推薦設立的目的是希望讓不同地區的高中生，能不受城鄉差距及教育資源限制，有相對公平的機會去申請大學。

　　該制度會給予各高中固定推薦名額（一所高中對單一學校的其中一學群最多推薦兩名學生），校內再依照在校學業成績排名百分比來排定選填順序，同一人只能申請一間學校的一個學群。

　　各系被分成八大類學群，所以同一人可申請同一學群內的不同科系，而最後會根據同學選填的志願序，錄取順序較優先的學系。繁星的八大類學群分類如下：

- 第一類學群：文、法、商、社會科學、教育、管理等學系（學程）。
- 第二類學群：理、工等學系（學程）。
- 第三類學群：醫（不含醫學及牙醫）、生命科學、農等學系（學程）。
- 第四類學群：音樂相關學系（學程）。
- 第五類學群：美術相關學系（學程）。
- 第六類學群：舞蹈相關學系（學程）。
- 第七類學群：體育相關學系（學程）。
- 第八類學群：醫學系、牙醫學系。

其中，第四類學群～第七類學群為特殊班，需要高中就讀相關特殊班（如美術班、體育班、音樂班等等）才可以報名！

而且不是所有人都有繁星推薦資格。以下是參加繁星推薦的一些條件：

1. 高中三年需就讀同一所學校（即：轉學生無法申請繁星）。
2. 須為應屆畢業生。
3. 在校成績至少前 50%（大學端可能有在校學業最低申請 % 數限制，如 20%、30% 等等）。

除了以上限制，繁星推薦還有以下規定：

1. 第一～七學群通過比序後即錄取，不論是否放棄，不能再參加後續的個人申請。
2. 第八學群（醫學系、牙醫系）需要再通過第二階段指定項目甄試（包含面試、審查資料），錄取後不能參加個人申請志願分發。

如果想要參加繁星推薦，首先必須確認在校成績、學測成績是否符合想選填學群的最低要求。其次是申請第一～七學群的學生必須要確定自己填的志願都是自己願意去就讀的科系，若只是填看看會不會上，錄取後是無法反悔再報名個人申請的。

根據以上繁星推薦規定，建議學測失常但在校成績不錯，且明確知道自己想就讀什麼科系的同學把握繁星推薦機會、填填看夢幻校系，畢竟只要有填，就有錄取的機會。花兩百元買希望，不划算嗎？

繁星推薦的時程大概如下：

- 二月：學測放榜。
- 三月：繁星推薦報名、公布第一到七類錄取名單、公布第八類組面試名單。
- 五月：第八類組面試。

- 六月：公布第八類組錄取結果。

接下來要來回答最多人關心的問題，繁星推薦的在校成績如何計算？按規定，學校上傳學生成績時，各學期各必修單科學業成績需以整數輸入，遇到小數點時，採四捨五入法，取整數計算；各學期學業成績總平均輸入至小數點第 1 位數，第 2 位數採四捨五入法至第 1 位數。上述的各必修單科成績包含這些課程：

科目	範圍
數學、物理、化學、生物、地球科學、歷史、地理、公民與社會、音樂、美術、舞蹈、體育	高一、高二
國語文、英語文、生活科技、資訊科技	高一、高二、高三上

（資料來源：112 學年度大學「繁星推薦」招生簡章）

（自然科學領域中的探究與實作成績，學校會應依各相關課程綱要規定，按其原本學校課程計畫平臺填報的授課科目，分別對應輸入於物理、化學、生物、地球科學之科目成績內。）

此外也要注意，在校成績以原始成績計算，因此若同學是經由補考、重修等其他方式取得及格，則繁星推薦時的成績可能會與成績單上補考及重修後的成績有所差異。

最後給各位同學一份繁星推薦懶人包，回答最常見的繁星推薦相關五大問題：

問題一：繁星推薦 % 數怎麼計算？

學校總人數會決定各 % 數的人數有多少。假設學校該屆學生人數有四百人，則 1% 的名額有四人。如果你的在校成績排名是第五名，就是在 2% 的區段內，以此類推。

問題二：總 % 和各科 % 分別用在哪裡？先看哪個？

這個部分可以參考各系的簡章，以臺大中文系 110 學年的簡章為例，依序會比在校總成績 % 數、學測國文成績、學測英文成績、在校國文科 % 數。意思是：假設預計收六人，填報學生中 1% 有十二人，那就繼續比學測國文、英文……直到剩下六人為止。

問題三：想用繁星推薦升學，那學測成績還重要嗎？

承上題，如果選的是熱門科系，選填的人學業成績都很好，那當然就會比到學測成績了。但若是該年學測較難，% 數前面的同學想填保守一點，就有可能於在校學業部分就篩選完，亦即不會比到學測成績（例如 110 年臺大醫學系一階篩選標準中，在校成績降到 3%）。所以要看當年考生選填的趨勢。

問題四：學校推薦順位是如何決定的？

以筆者的學校來說，是依照在校學業成績而定。在正式選填前也會有預選的程序，能得知是否有排序較前的同學填了你想填的學群。另外也有人直接和同學互相詢問、協調，以減少衝突到同一學群的可能性。但每個學校決定推薦順位的方式不同，這個部分建議大家還是提前向自己的學校問清楚比較好。

問題五：第八類學群繁星推薦和第一～七類繁星推薦差異在哪？

第八類學群繁星推薦另外需要參加二階，跟個人申請比較像，不過書面資料通常只需要附上個人簡歷表或自傳。因為是醫學相關面試，有時會問一些生物相關問題，也會考驗學生的臨場表現、對時事的見解以及問一些醫學人文相關問題等。

總結來說：

- 繁星推薦並非所有人都有資格可以申請，如轉學、沒有該屆學測成績者，無法參加繁星推薦管道。
- 第一～七學群學生需清楚選填的志願是自己的理想科系，若只是填看看會不會上，錄取後是無法反悔再去個人申請的。
- 繁星 % 數是透過「該高中」的應屆學生人數決定，所以每所高中同為 1% 的人數有所不同。
- 學測成績也是繁星升學的一大重點，所以就算想使用繁星，也不能不準備學測。
- 第八類學群第一階段通過者還需要進行第二階段面試，放榜時程會比第一～七類學群更晚（通常接近個申放榜日期了！）。

筆者先恭喜大家已經撐完高中兩年半裡每一次的大考、小考，如今即將迎來高中最後的任務，希望大家看完以上制度、時程以及常見問題後，有更了解繁星推薦制度以及其運作方法。祝所有想要繁星推薦的朋友，都能榜上有名、錄取心中的第一志願！

Chapter 4 面對高中的魔王關──考大學！

「叮鈴叮鈴」，熟悉的鐘聲響起，天氣逐漸暖和，百花齊放，揭示著下學期的開始。某一天小拉經過克也班上時，發現坐在教室內的克也心情好像不太好，於是把他叫出來聊一聊。

> **小拉**
>
> 克也，你怎麼看起來愁眉苦臉的樣子？

> **克也**
>
> 哦，我的表情很明顯嗎？其實我在擔心繁星志願選填的問題。到底要選擇我喜歡的校系，還是容易上榜的校系呢？

> **小拉**
>
> 這樣啊……你還記得小綾學姐嗎？我前陣子因為特殊選才的問題去請教她，然後我突然靈光一閃，想到學姐是不是有說過她哥哥是透過繁星管道錄取的？

> **克也**
>
> 對耶！謝謝你小拉，我趕緊去問問小綾學姐。

於是克也把他的問題與煩惱跟小綾學姐說了一遍。

> **小綾**
>
> 哦，這個問題可以不用問我哥沒關係，我雖然當初走特殊選才，不過其實我也有未雨綢繆，事先研究好該怎麼填繁星志願。

學測生必看！
三分鐘學會繁星志願選填心法

文／吳維臻

本篇文章中，筆者會跟你分享自己在 112 繁星推薦錄取理想校系時的志願選填心法，以及筆者實際上了大學後，認為在繁星選填志願時要注意的事。

你真的適合繁星嗎？

在開始認識繁星志願選填心法前，可以透過下面三個簡單的敘述對應看看自己適不適合繁星：

1. 在校成績突出，學測成績普通。
2. 選校為主，對科系沒有特別偏好。
3. 適應能力好。

前兩點比較好理解，很多相關的文章都會提到，但為什麼筆者會提到「適應能力」呢？如果沒有很明確想就讀的校系，而是為了增加錄取機會，將自己分到的學群的所有科系都填上去，會比較容易選到自己沒興趣、學習起來很痛苦的科系。此外，準備繁星時不需要製作備審，跟個人申請的同學相比，如果沒有主動找資料，對科系的了解會比較少。

當然同學也可以只填自己很確定想讀的科系，或抱持著可以轉系的心態選擇繁星，但轉系也有其成績門檻，如果無法適應自己科系的學習內容，也會導致自己無法轉系。以臺大法律系為例，若想要轉系需要維持學業分數與排名，另外還須參加資格考試。因此你如果是上了一個你完全沒興趣且無法應付學習的科系，你可能就會因為成績不理想無法轉出，所以不能想著未來要轉系就完全盲選，至少要選擇自己能應付的科系。

真的可以選校不選系嗎？

在繁星這個升學管道上，選校不選系的確會提升自己的錄取機率，但同學們還是要考慮到自己是否能應付該科系的學習內容。讀一個自己完全沒有興趣的科系是很辛苦的事情，建議同學要考慮到自己希望大學四年的生活怎麼度過，而不只是貪圖校名好聽。

要選校不選系也不能只以學校排名做選擇。有些學校可能成績排名很高，但偏重某一個領域學群。如此一來，入校後你會發現就算要轉系或修其他系的課，也沒有你有興趣的選擇。

另外，也需要考慮大學所在的區域在哪裡。例如，希望大學期間有比較多大公司實習機會的同學，選擇臺北的學校可能會比較好。學校的資源也非常重要，可以先去查看學校有沒有產學合作的計畫、實驗室設備等，再依照自己的大學生活藍圖，去評估選什麼學校比較適合自己！

不要想著一定要繁星上

筆者知道有些同學在國三升高中時就已經想繁星，也付出了三年的努力，因此很難接受去個人申請。但筆者還是想提醒大家，不要把自己卡在「一定要繁星上」的想法中。

筆者在校內選拔時，非常擔心自己無法獲得推薦名額，所以把所有可以填的志願學校都填滿，但後來導師問筆者：「如果真的上了後面志願的學校，你會想去嗎？」筆者才發現自己只是為了不想落榜硬填了沒那麼想去的學校。

在使用繁星管道升學上，筆者建議大家可以盡量保持開放的心態，確定自己想要的到底是什麼學校、科系，才不會為了不要落榜而亂了手腳，繁星只是開始，沒上還有很多機會！

填自己真的想去的學校就好

延續上一點，有些同學在填志願時，會考慮去年的篩選標準、猜測其他人會填什麼學校，調整成一個「自己認為上榜機率高」的志願。但筆者想要強調，繁星每年的狀況其實都很不一樣，看去年的篩選標準只能大概猜測機率，但不是絕對！

筆者一開始在填校內繁星志願時也考慮很多，但都是考慮：「這樣會不會上榜？」經過老師的提點才改變思考方向，把十個志願學校刪到只剩下三個，填的學校都是上了我會真心想要去讀的學校。建議大家要想的是「多一個機會」而不是「早點開始放假」。

如果只能當序位 2 要報名嗎？

繁星推薦中，一間高中可以在一間大學的一個學群中推薦校內的兩名學生，而普通高中總共可以推薦四個學群的學生，因此普通高中可以推薦八名學生至一所大學。而這八名學生會有排序的問題，序位 1 的同學會在第一輪分發中與其他高中的學生競爭，序位 2 以後的同學只能參加第二輪分發，競爭第一輪分發剩下的名額。

因此如果是序位 2，上榜的機率確實會降低不少，不過筆者自己就是以序位 2 上榜的，所以並不是沒有可能！如果你是真的很想上這間大學，筆者認為序位 2 也沒關係，可以透過填多一點科系來增加上榜率。其實不管怎麼選都是在跟制度賭博，只要你真心喜歡某間大學，序位幾號都可以試試。

補充：撕榜小技巧

每間學校在校內辦理繁星的方式不太相同，以上建議是針對使用線上志願選填系統的學校。如果你的學校是使用撕榜的方式

應該要怎麼做呢？筆者也邀請到以撕榜方式繁星錄取的編輯，跟大家分享一些撕榜的心態跟技巧。

首先，撕榜跟志願選填最大的差異是可以做最終決定的時間非常短。因此建議大家把所有自己有考慮的學校的相關資訊都事先整理好。相關資訊包含：學校地點、校風、科系、課程內容、過去幾年錄取分數。把這些資訊都整理好後，建議先排好志願，也就是先把自己會願意填的學校與科系排序好，並寫在一張小紙條上。

如此一來，當天要做的事情就剩下：當你排在前面的學校被別人撕走，就在自己的小紙條上把該學校劃掉，這樣輪到自己的時候，你就會很清楚知道自己該撕哪間學校了！如果你願意去的學校都被撕完了，你也會更清楚知道自己現在不應該撕榜，不至於衝動做出讓自己後悔的決定。

切記一定要在撕榜當天前做好這件事情！筆者當時發現，很多同學只想好一、兩間最想去的學校就去參加撕榜，所以當他們的夢幻校系被別人撕走時，很容易一時之間不知道如何做決定。在時間壓力下，很容易快速撕一間別的學校，卻不一定是自己真正願意去的。再次提醒大家繁星錄取後放棄是無法參加個人申請的，所以如果你想撕的學校被別人撕走了，先評估看看自己參加個申的可能性，不要輕易撕榜哦。

最後為大家總結繁星志願選填的四大心法：

1. 不要只為了學校排名選學校。
2. 不要想著一定要繁星上。
3. 轉系是一個方法，但需顧及大學在校成績。
4. 就算是選校為主，也要至少選擇讀得下去的系。

預祝大家都能錄取自己理想的學校跟科系！

關卡 **7** 繁星推薦　223

克也

那，學姐我想再請教一題，因為我是報名第八類學群，所以還需要進行面試，想問學姐面試該怎麼準備呢？

很抱歉，這題我就無法回答你了，不過我可以幫你問我哥，他雖然有點忙碌，但人很好，可能會晚一點，但他一定會很熱心回覆的。

小綾

克也

非常謝謝學姐！也請學姐幫我轉達對學姐哥哥的感謝。

沒背景也能上醫學系？
繁星、個申醫學系面試技巧大公開！

文／吳維臻，與國立成功大學醫學系陳如祐同學合作

繁星一階放榜，一年一度的申請面試季即將來臨。醫學系一直是每年數一數二熱門的科系，錄取門檻非常高，同時醫學系的面試關卡也是讓很多人無從準備的部分，甚至有很多人懷疑是不是家裡要有醫師背景才能考上，真的是這樣嗎？

本篇文章，筆者邀請到國立成功大學醫學系的陳如祐學長跟我們分享他透過繁星錄取成大醫以及個申錄取中國醫的面試技巧與經驗，幫助你順利考上醫學系！

首先，醫學系面試考什麼？

PBL：團體面試考驗問題導向學習

PBL（Problem-Based Learning）是一種團體面試的形式，在面試的時候會給考生一個問題去討論。這個問題不僅限於醫學相關，可能會有各種情境題，需要去分析優缺點、提出解決辦法、考驗平時培養的思辨能力。像是學長在成大面試時被問到新化老街科技執法的議題，八位面試的同學需要一起討論後給教授一個結論。

每間學校在進行團體面試時的方式也會有點不一樣，學長提到成大醫是八個人一起討論、分析優缺點，並提出問題解決方案。陽明醫的面試中，經常是以分工的方式進行（一位同學擔任引言人、一位同學擔任結辯等），每間學校都有不同的 PBL 進行模式，這部分大家要根據自己面試的學校多留意。

MMI：跑關面試認識你的個人能力與特質

MMI（Multiple-Mini Interview）是一種個別面試的方式，會讓考生跑關，而每一關的教授都會針對你個人問不同的問題。

關卡的多元性也很高，除了像一般面試會問到的個人經驗外，也會有跟醫學有關的時事題、創造兩難的情境題、英文文章摘錄、圖表解讀、專業知識問題等等。像是學長在面試時被問到兩難的情境題、對 AI 的了解、A 肝莓果相關的時事題，以及個人備審的問題。因為題目範圍較廣，同學可以先在網路上找相關的考古題資源做練習。

而新聞或坊間傳言常常會讓我們覺得，是不是家裡一定要有醫師背景才有可能上醫學系？學長也為同學們破除了這個迷思。學長提到，他的同學只有少部分家裡有醫師背景，所以只要你的分數達到門檻，並且在高中期間有參加相關的活動展現你自己的能力特質，就算沒有背景、資源，一樣有機會可以考上醫學系！

學長來自屏東，每年全縣準備醫學系面試的人數可能不及臺北市一間學校的人數，跟臺灣其他市區比起來也是相對沒有資源的地區，但學長仍然靠著努力準備考上。以下是學長提供給學弟妹參考的準備方法：

積極主動尋求老師協助

因為生活在資源相對缺乏的環境，需要更積極去爭取機會！學長提到，他跟幾位也要申請醫學系的同學向老師提出希望可以跟過去上榜的學長姐有一些交流的機會，以及希望老師幫他們安排模擬面試。透過積極地表達意願給老師們知道，讓自己能更接近不同的資源。

串聯其他考生一起練習面試

上面提到，學長積極找了學校老師幫忙提供面試的相關資源，其中一個就是串聯其他考生一起面試。透過跟其他考生互相幫忙，學長不斷練習提升自己對面試的熟悉度。不管是跟老師、學長姐或其他同學練習都是很好的選擇，最重要的是一定要多練習、熟悉自己的備審，讓自己在回答的時候是很順暢且有自信的。

除了面試之外，學長也分享了針對個人申請，應該要提交哪類型活動的學習歷程比較好？學長在高中期間有做過科展、學科能力競賽、APX 檢定、英檢、地理報告等等的學習歷程，再針對各個活動用到的能力和特質去對應醫學系：

1. 科展：強調溝通、合作及做實驗的能力。
2. 學科能力競賽、APX 檢定等考試：對於學科的活用。
3. 地理報告：透過訪查產業製作人口金字塔展現具有人文關懷的特質。

即便不是完全跟醫學有相關的學習歷程也可以提交，只要想辦法將歷程內容與醫學系看中的能力特質結合即可。

以下是醫學系順利上岸的四大心法：

1. 準備 MMI 的時候可以多關注時事（醫學、非醫學類都要）。
2. 可以先查過考古題並了解報考學校的面試關卡設計。
3. 多跟其他同學練習模擬面試。
4. 學習歷程一定要呈現符合醫學系需要的能力特質。

面試在即，代表你的大學申請之路已經接近尾聲了，再撐一下下就結束了！謝謝學長跟我們分享關於醫學系面試的資訊，祝大家都能順利上岸。

另一方面，很遺憾，小拉特殊選才並沒有被錄取，雖然難過，但小拉還是得重新振作，開始準備個人申請。

關卡 8
個人申請

首先,小拉決定先從簡章看起,她發現簡章上有寫著「篩選倍率」的表格,每一個校系都有,而且表格內還有許多數字。

小拉

這些篩選倍率的表格我有看沒有懂,而且網路上的文章都講得好複雜。啊!還是直接去辦公室問盧老師吧!

「篩選倍率」看不懂？兩分鐘搞懂個申篩選倍率是什麼！

文／璨瑋

考完學測後，超過一半的人會使用個人申請入學，但你真的看懂簡章在寫什麼了嗎？本篇文章，筆者將會針對個人申請中大家常搞不清楚的篩選倍率來做說明，讓你快速理解個人申請！

篩選倍率在哪裡可以看到？我們可以到 Google 的搜尋欄中查詢「大學甄選入學委員會」，網站內可以查到所有跟個人申請相關的簡章資訊。點選校系分則，可以看到各校系篩選倍率。網站中有三種查詢方法，分別是「個人化校系分則下載」、「依學校條件查詢」和「依學群分類查詢」。

筆者針對這三種不同的查詢方式製表比較，方便大家更快速地了解這三種方式有什麼不同、分別適合哪種類型的同學使用。

	說明	適合族群
個人化校系分則下載	可依自己需求選取校系，一次可呈現最多十個校系	適合想比較性質不同校系或多個校系的你，自由度最高
依學校條件查詢	可查詢一間學校內分別有哪些不同科系	適合選校不選系的你
依學群分類查詢	可查詢具備該學群科系的學校有哪些	適合選系不選校的你

透過以上方式都可以進入到校系簡章畫面，而簡章中標有「學測、英聽篩選方式」的地方便是篩選倍率。

篩選倍率的順序是從數字最大的開始篩選（從倍率大到倍率小）。以 113 年國立臺灣大學中國文學系為例，篩選倍率分別是國文 3、英文 6、社會 8，則會先用社會科成績篩選，再來分別是英文成績、國文成績。而每次篩選的人數則是由招生名額乘以

篩選倍率。該系 113 年招生名額為 23 人,所以篩選作法如下:

1. 篩選社會科排名前 23×8 人(184 人)。
2. 從這 184 人中篩選英文科排名前 23×6 人(138 人)。
3. 從這 138 人中篩選國文科排名前 23×3 人(69 人)進行第二階段的甄試(請看右頁圖)。

在這樣的倍率篩選制度下,篩選倍率數字最小的科目便是該系最重視之能力。

看完以上文章,相信各位同學都已經知道如何找到個申簡章,也知道該怎麼看簡章裡面最難理解的篩選倍率了!除了篩選倍率之外,也要注意校系檢定標準、指定項目甄試日期跟指定項目甄試內容。預祝大家個人申請準備順利!

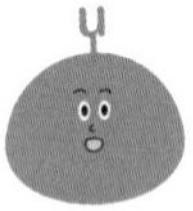

小拉

這樣我就懂了,謝謝盧老師!

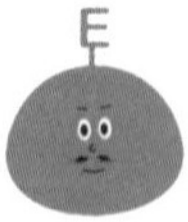

不用客氣,另外小拉你要個人申請的話,一定要知道落點分析喔!這邊老師教你怎麼使用落點分析,並推薦幾個落點分析工具給你!

盧老師

國立臺灣大學 中國文學系

校系代碼	001012
招生名額	23
性別要求	無
預計甄試人數	69
原住民外加名額	無
離島外加名額	無

甄選總成績採計方式及佔總成績比例

第一階段

學測、英聽篩選方式

科目	檢定	篩選倍率	學測成績採計方式	佔甄選總成績比例
國文	前標	3	*1.50	40%
英文	均標	6	*1.00	
數學A	--	--	--	
數學B	均標	--	--	
社會	均標	8	*1.00	

第二階段

指定項目	檢定	佔甄選總成績比例
學科能力測驗成績	70分	25%
語文測驗審試	--	20%
寫作審試	--	15%

離島外加名額縣市別限制：（無）

甄選總成績同分參酌之順序：
一、學科能力測驗成績
二、語文測驗審試
三、寫作審試

指定項目甄試費 1500

寄發（或公告）通知項目甄試日期：113.3.28

繳交資料截止：113.5.5

指定項目內容：
1. 審試時間：5月17日(五)8:40-10:20國文、10:50-12:30語文創作
2. 審試地點：請於5月16日(四)10:00起逕至本系網頁查閱。

指定項目審試日期：113.5.17

榜示：113.6.3

總成績複查截止：113.5.29

同級分（分數）超額篩選方式：

項目：參酌學習歷程檔案(B、C)、多元表現(F、J、K、N)、學習歷程自述(O、P、Q)。
※項目內容請參照本簡章【貳、分則】乙、審查資料項目內容對照表(第20頁)。

說明：A.○ P.○ B.必備，其餘選備。B.必選至少2項，至少選3項。2.限大學階段小論文、C包含文學創作、編輯報刊、專題研究篇幅不符合之文學作品或評論。3.Q：各篇600字以內，F、J、K至少1項。0項說明選修與本系領域相關課程之動機選由及心得。

備註

一、本系參加校內聯合分發，請見【本校重要事項說明】。
2. 聯絡電話：(02)3366-8003。
3. 本系網址：http://www.cl.ntu.edu.tw/。
4. 通過第一階段之考生，請務必於報名前至https://reg.aca.ntu.edu.tw/113app.aspx詳閱本校招生須知，報名及繳費至5月5日止。

圖片來源：國立臺灣大學中國文學系113年招生簡章

學測落點分析工具！快速找到最適合自己的校系、學會填個申志願

文／子甯

各位同學決定好個人申請第一階段要填哪些校系了嗎？在這篇文章中，筆者會教大家如何利用落點分析工具，查詢有哪些適合你的大學與校系。各位同學可以在閱讀這篇文章的同時，進入落點分析網頁自己操作，這樣只要閱讀完這篇文章，你就可以更了解自己一階該怎麼填志願了！

首先，網路上有很多落點分析工具，今天筆者將主要介紹 E-port 落點分析，也會針對它和其他落點分析系統的預估結果做比較。

E-port 落點分析最大的特色就是比起其他落點分析系統，畫面設計更可愛活潑也容易操作。此外，如果是原本就有 E-port 帳號的同學，只需要登入原本的帳號就可以儲存自己有興趣的校系，不用為了做落點分析額外註冊其他網站。在做落點分析時，E-port 落點分析也會告訴你你的學測成績換算成去年分數大概是多少，可以讓你更方便判斷自己的錄取機會。

除了 E-port 落點分析之外，坊間還有其他落點分析網站，例如甄戰落點分析、104 落點分析。針對這幾個落點分析網站的結果，筆者做了一個簡單的比較表。在測試時，筆者輸入國文 13 級分、數 A 9 級分、數 B 9 級分、英文 14 級分、社會 12 級分的成績。得到以下結果：

落點分析結果	E-port 落點分析	甄戰落點分析	104 落點分析	以去年分數判斷是否能錄取
臺師大英文	夢幻科系	夢幻落點（兩顆星）	安全	無法通過第一階段（英文 15 級分）
臺大日文	夢幻科系	夢幻落點（一顆星）	安全	無法通過第一階段（四科總級分 50）
臺師大地理	理想校系	最佳落點（三顆星）	安全	無法通過第一階段（數 B 10 級分）
臺師大華文應用華語文學組	夢幻校系	最佳落點（四顆星）	安全	可通過篩選

（各落點分析系統會在每年學測成績公布後更新資料，請以屆時分析結果為準。）

　　根據筆者的嘗試，E-port 落點分析的估計較為保守，想要一階穩過的同學可以參考。甄戰落點分析的估計則較為中立，適合想平均分配自己的志願、一邊準備個申一邊保留分科機會的同學。104 落點分析較為樂觀，建議同學使用後還是要為自己預留一、兩個更保守的志願。

　　比較完各個落點分析系統後，相信各位同學已經知道自己要用哪一個了！各位同學也不一定只能選擇一個落點分析網站，建議大家可以同時使用三個落點分析系統多方比較，做出最全面的判斷。

　　接下來筆者要以 E-port 落點分析來示範如何操作落點分析系統。不過各大落點分析系統的使用方法都大同小異，所以各位同學就算是使用其他系統，一樣可以跟著這些步驟操作。

1 登入／註冊

　　首先，各大落點分析系統都會要求登入或註冊。有些是在一開始就要登入，有些則是在你想瀏覽更多校系或更多資訊時會要求登入。總之，如果想更完整地使用落點分析網站的所有功能，

先登入會比較好哦！

2 輸入基本資料

接著就是要輸入自己的學測成績！除了學測成績之外，如果有報考大考中心的英聽測驗，或是參加過 APCS 檢定，都可能在個人申請時派上用場，所以也要填寫到網頁中。

各落點分析系統也會希望同學能夠針對想申請的大學多選擇一些資訊，例如選擇想要公立大學還是私立大學，想去北部、中部、南部還是東部等等。這樣可以避免最後跑出幾百個志願，所以要盡量詳細作答。

3 瀏覽校系、加入追蹤志願

輸入完資料後，各位同學就會看到自己的落點分析結果了。這時候可以開始瀏覽各校系，並把自己比較有興趣申請的科系加入追蹤志願，之後再回到網站時才不用重找一次。

做完落點分析後，終於要來填志願了！

在文章的最後，筆者也想針對填志願，給各位同學三個建議：

1 遵守 222 填志願原則

將自己有興趣的科系都加入追蹤志願後，要來選出最後放在志願表上面的六個志願。填志願時記得遵守 222 的原則。222 的意思是填 2 個夢幻科系、2 個理想科系（有些網站稱為最適校系或最佳落點）、2 個保守科系。

填入夢幻校系是因為錄取成績是浮動的，有可能你最想就讀的科系今年的分數會突然降低，這時候如果你沒有填寫一定會感到非常可惜，因此建議各位同學就算看起來很不可能，也還是可以留兩個志願給自己最想就讀的科系。

關卡 **8** 個人申請   235

接著一定要填兩個與你的分數相符的理想科系。最後，要填兩個分數較低的保守科系。就像剛剛提到的，一階分數會浮動，因此原本與自己分數相符的學校有可能今年就突然無法以你的成績通過一階了。而且最終要決定是否錄取時，還要加入二階成績計算。所以想要個人申請穩穩地上岸的話，一定要加入兩個保守科系，給自己一些餘裕，就算二階表現不理想也有機會錄取。

2 加入更多考量因素

除了盯著落點分析系統看之外，各位同學在選擇大學科系前，一定要考量更多因素。筆者整理了一些各位同學在填志願前需要先參考過的資料及想過的事情：

- 課程內容（可參考各大學科系系網）。
- 學長姐經驗分享（可參考 IOH 開放個人經驗平臺）。
- 學校、學校所在地區的生活風氣。
- 學校資源、學校所在地區的資源（可參考校網）。
- 預估花費（參考學費、該地區生活費）。
- 自己未來的人生規劃。

3 送出志願前與他人討論

最後，建議同學們送出志願前與他人討論看看。不論是跟有經驗的師長、了解你的長輩，或與你一起填志願的朋友聊聊，都能讓你發現自己原本沒發現的盲點，或提供你一些新的想法。面對這麼重要的決定，多聽一些建議絕對百利而無一害！

本篇文章中整理了落點分析系統的介紹、使用方法，以及針對填志願的建議。希望各位同學看完這篇文章後，都能更清楚如何填寫個申一階的志願！也祝福各位同學都能收到滿意的結果，並在二階時全力以赴。

Chapter **4** 面對高中的魔王關──考大學！

從盧老師辦公室回到教室的小拉，中午與克也一起吃午餐時，得知克也的隔壁桌同學想要跨考社會組的科系。

小拉
哇，你那位同學也太酷！那他當時學測是如何準備的呀？

克也
他跟我說……。只是他現在有個煩惱，不知道社會科相關的學習歷程要怎麼做才好？

小拉
說到這個，你還記得我們高二某天在電影院外遇到莉莉學姐的男友嗎？我後來在與莉莉學姐聊天時，才知道他們兩個認識的契機原來是因為周周學長想跨考社會組的科系，跑去問學姐該如何準備，接著兩個人相處過程中逐漸產生好感，就發展成戀人關係了。

克也
哦，那這樣是不是可以問問看周周學長當初跨考的經驗分享？

自然組跨考社會組簡單嗎？
三分鐘帶你了解準備方向

文／鍾佳諭

你是選班群時還沒有明確方向就先選擇自然組，還是未來不知道要做什麼的迷途羔羊？想跨考卻怕準備的時候浪費太多時間，也不知道該如何準備？又或者興趣廣泛很多科系都喜歡？如果有以上疑問，這篇文章或許能給你一些準備的方向。

身為一個自然組的高中生，筆者對生物、化學及資訊充滿興趣。然而，面臨大學申請時，我做出了一個大膽的選擇，決定申請臺灣科技大學的管理學士班。這個決定震驚了許多人，這篇文章將會分享如果像筆者一樣，想從自然組跨考社會組，需要做哪些準備？

首先，決定跨考後，要不要準備學測社會科是許多人會有的疑問，可能會覺得多準備一科會壓縮到準備其他科的時間。這個問題取決於你高一、二的地理、歷史、公民有沒有好好學，以及考社會科和數 B 對你而言的用意為何？適合每個人的方法一定會不太相同，因此在說明如何準備之前，要先請大家做自我評估，了解自己的需求後再著手準備。

這裡將會問你兩個問題。第一，你想跨考社會科的目的是什麼？對參採社會科的科系有興趣？或者只想在選科系的時候多一個選擇？第二，你的社會科程度好不好？高一、二時的社會科有好好念嗎？

情境一：對有參採社會科的科系有興趣且程度還不錯

如果對於社會組科系，如財經、管理相關科系有一點點興趣，而且高一、高二的社會科都有認真讀，平均分數落在八十分

以上，那麼恭喜你只需要在準備學測時分一點時間給社會科，加深對內容的印象、練習歷屆大考題、寫模擬試題及製作訂正筆記（錯題本），其餘時間側重於國、英、數、自即可。

情境二：對有參採社會科的科系有興趣但高一、二社會沒在念

落在這個範圍的人，請再思考一次：「我真的對社會組科系有興趣嗎？」

如果答案還是有興趣，那將會壓縮到準備其他科的時間，有可能造成其他科分數下滑，因此需要在一年之前做好讀書計畫，提前開始準備學測。準備期間以高二下學期作為起始，約莫有一年的時間，大概以半年為切分點分成前期與後期。

前期要重新理解高一、二的內容，並複習重點。像是何謂消費者剩餘？在圖形上怎麼表示？或是地理中的 TM2 座標如何閱讀？及歷史事件的始末等等。後期開始寫模擬試題、練習歷屆試題和做訂正本（記錄曾經錯過的觀念）。

情境三：我只想考個成績，多一些選擇

裸考是最簡單也最方便的選擇，不需要多花時間去準備。新課綱下的學測社會科考試偏向閱讀導向，大部分的題目可以靠閱讀理解來作答。除非是要追求高分的同學，才需要將課本內容熟記，來對付剩下的記憶型考題。因此若志不在考高分，只要對內容稍微有印象，像是提到歷史背景、人物、詞彙定義、地理工具等會有相關聯想，就可以不花太多時間，也能取得一定的成績，讓自己多一個選擇。

不過如果你覺得裸考有點冒險，想多準備一點，那就保持閱讀加上練習歷屆試題吧！保持閱讀是什麼？每天閱讀社會科相關

內容或文章。舉個例子，我會在睡前瀏覽歷史課本，在其他科讀到疲乏的時候幫地理畫畫重點或看看公民的名詞定義。利用一些空餘時間瀏覽這些內容，閱讀時不需要給自己太大的壓力，把它視為課外讀物即可。

不過都已經決定要跨考了，學習歷程至少也要有相關經歷吧！在自然組可以怎麼準備與社會科相關的學習歷程檔案？你需要具備多元學習能力及規劃統整的能力。

多元學習能力

高中除了基本的課業外，還有社團、自主學習或選修課程能夠增進自己的知識與實力。而透過這些多元學習項目，你可以累積出跨領域的學習歷程。在沒有社會科相關學習歷程的情況下，用這些多元學習的歷程來呈現你的學習能力會更加重要！

舉例來說，在社團擔任幹部可以讓你學習到規劃、領導，及溝通的能力，以上能力在不同領域都非常重要。將其整理成一份學習歷程檔案，就可以用在不同的科系。如果沒有擔任幹部的話，也可以撰寫在社課中學到什麼，像是團隊合作、專業技能、溝通能力等。

自主學習對於跨考的同學也非常重要，千萬不要拿來補眠、補作業。可以利用線上學習資源，如大學開放式課程網站，或主動尋找師長協助，來製作社會科相關的歷程。在把自主學習成果做成學習歷程時，可以強調你的學習動機，告訴教授雖然你就讀自然組，也對於社會組的科系與學習內容有興趣。

規劃統整

製作備審資料時，規劃統整對跨考的同學們極其重要。我們沒有足夠的時間準備那麼多學習歷程，因此我們可以從舊有的經歷，找到符合科系期待的特質，讓教授明白我們選擇他們的系所

的原因。

最後不論各位同學是否有跨考，都祝你們考上理想的大學科系！

～～～～～～～～～～～～～～～～～～～～～～～～～～～

過了不久，一階結果公布，小拉順利通過一階之後，陷入了備審地獄之中。

小拉

終於把高三的課程學習成果與多元表現做完了！欸等等，怎麼簡章上還要求「學習歷程自述」與「多元表現綜整心得」？這兩份是什麼東西呢？又該如何撰寫呢？啊，對了，去問問看有個人申請經驗的莉莉學姐好了。

學習歷程自述範例分享：
六個製作小技巧告訴你

文／工常張 Shawn

在 108 新課綱的制度更動下，原本二階備審被細分成很多部分，像多元表現、課程學習成果等，而其中大家常常問：「學習歷程自述怎麼寫？」剛好筆者完成了大學的個人申請，便透過本文分享我的學習歷程自述範例，筆者也會分享六個製作小技巧，讓你的自述檔案更加分！

（開始閱讀前，可先至 Lucker 雲端圖資館搜尋：政治大學資訊科學系學習歷程自述，搭配範例檔案閱讀更容易理解。）

先簡單介紹一下學習歷程自述，它是很多校系要求的二階項目之一，通常包含「高中學習歷程反思」、「就讀動機」、「讀書計畫」三個面向（依各校系規定為主）。

1. 學習歷程反思：高中三年，在課內、課外學習過程的所學與影響。

2. 就讀動機：你選擇讀該科系的原因，以及說明你的特質、能力和該科系的關聯性。是因為家庭動機？還是在高中因為某事件發現對某領域有興趣？

3. 讀書計畫與生涯規劃：進入該系之後，你想要怎麼安排課程，或運用校內的資源來加強你的能力？畢業之後你會如何運用你的所學？

第一點的所學與影響部分，前者是指你學到什麼能力或知識，後者是指你運用這份能力做什麼事。例如筆者有提到我在高二擔任科技媒體編輯，在經營過程中自學到數據分析、社群經營（所學），我運用數據分析了解粉絲組成、預測喜好題材，在半年累積 1.2 萬位追蹤者（影響）。

各校系所要求的內容不一樣，有些大學科系會要求在學習歷程反思提及自主學習計畫的心得、有些校系規定讀書計畫以一頁為原則……準確規定要看招聯會學習歷程參採的網站跟該科系的二階指引方向，通常在系網站就能找到。

也因為各校系側重的特質、要求呈現的項目與內容都有所差異，所以學習歷程自述並不適合一件多投，哪怕是同性質科系也是如此，需要事先看各校系的二階指引說明。

筆者的主要策略是讓教授能在最短時間內從檔案抓重點，而不是盡可能放很多東西、延長教授閱讀的時間。因為在自述放太多東西，教授不見得會全部看完，不如簡短提及重要、跟科系有關的學習歷程成果，並著重說明自己的特質跟作品是跟科系有關聯的，最後再強調自己有意進入該科系深入學習。

你也可以思考你希望給教授看的重點是什麼？筆者當時設定的重點不只是強調自己課外經驗的獨特性，更進一步說明筆者在學習過程中，發現自己的經歷和特質很契合科系的招生需求與學習方向。

筆者相信每個人的學習歷程內容、經驗跟優點都是獨一無二的，有些人在競賽領域上有優異的表現，有些人自主學習計畫做得很有心得。如果你的作品檔案跟報考科系有關聯，可以透過學習歷程自述去說明：為了進入該系，你在高中期間有先做準備與作品。

像筆者在製作政治大學資訊科學系的學習歷程自述時，在系網、ColleGo! 以及 E-port 學習情報誌了解該系除了基本的電腦資訊，更會教授人工智慧與數據分析相關的知識，書面審查時會著重數學與英文的資料，筆者就說明自己在經營個人網站和公司 Instagram 帳號時，透過數據分析洞察趨勢來成功增加流量，也放入參加模聯社的經歷來佐證外語能力。

學習歷程自述：連結自己與校系

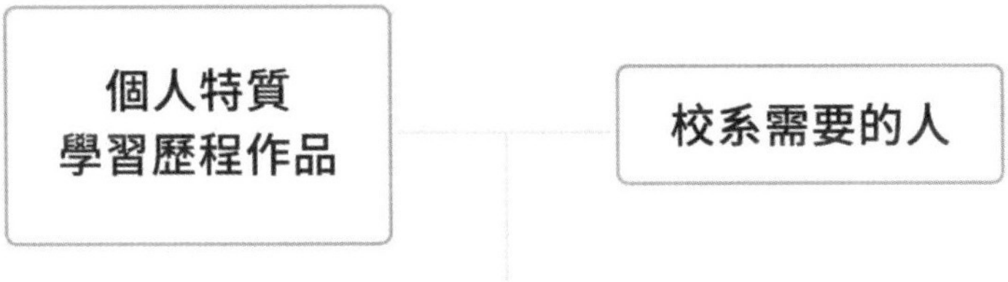

```
┌─────────────────┐          ┌─────────────────┐
│   個人特質       │          │  校系需要的人    │
│ 學習歷程作品     ├──────────┤                  │
└─────────────────┘          └─────────────────┘
```

透過學習歷程自述，說明你的作品與特質跟科系有關
你在學習過程中透過產出發現對科系有興趣

　　以上是學習歷程自述的製作大方向，除此之外，在做學習歷程自述時，筆者主要使用下面六個方法來提升檔案的易讀性：

1 先用心智圖打草稿

　　在做各校系的學習歷程自述時，筆者會先拉一張心智圖設計學習歷程反思、讀書計畫跟就讀動機的呈現重點。同時思考這些內容要怎麼說明以符合該系要求的審查重點？先設計草稿會比邊打邊想還要有效率，也更有連貫性。

2 善用大標題、小標題分段

　　做好草稿後，筆者會在文件打下大標題跟小標題，並以字體大小做區分。

- 大標題：筆者是以學習歷程參採內容做大標，分為學習歷程反思、讀書計畫與就讀動機。
- 小標題：概述大標題裡不同主題的內容，例如將學習歷程反思分成課內學習、課外多元表現、個人特質簡述三個部分。

為什麼要下小標題？這是為了讓教授快速閱讀你的資料時，可以直接從小標題大概了解內容，幫助挑選他想看的重點。一個好的小標題能讓讀者一看到就能抓到段落的重點。此外，你也能用大、小標題達到分段效果，避免文字落落長擠在一起，適當為文字分段可以緩解長篇的閱讀壓力，讓讀者更願意讀下去。

3　善用圖片與表格呈現資料

對於大腦來說，圖片比文字更容易理解，在教授快速閱讀時，圖片的易讀性會比單純文字好很多，所以筆者針對課外多元表現的段落製作圖片，呈現作品跟重點數據。

如果你想在學習歷程檔案裡呈現網站或影片，筆者會建議你截圖網頁或是影片的重要畫面即可。因為教授不見得會點擊嵌入的連結（更不用說掃 QR-Code），那麼至少教授能從附圖知道你的作品內容。

讀書計畫很推薦用表格呈現，分成「計畫大綱」、「說明」與「設定原因」。多了一個原因欄位是為了說明我不是胡湊亂湊一些待辦事項，而是我認為設定這個目標對我未來發展是有幫助的。我也有拉一張讀書計畫的時間流程圖，精簡說明各個階段的目標。時間流程圖可以用 Xmind 軟體製作。

不過有些校系會限制學習歷程自述的圖片數量，請注意有無相關規定。

4　文字重點用特別樣式

我會用 Word 調整色塊的透明度（模擬螢光筆的效果）來標示重點，會比預設的文字背景好看一點。而哪些文字比較適合當重點？我自己認為是「成果數據」、「人格特質」、「學習目的」這三個部分的內容，每個重點標示一兩句話就好，一整段就太多了。

5 換掉古板字體、統一視覺配色

或許最萬惡卻最常見的設計毛病，就是一直用新細明體這樣的老字體了吧？相比新細明體，其實還有很多好看、也適合用於正式文書用途的字體。筆者推薦思源黑體或宋體，當其他人都用新細明體做檔案，用合適的字型能讓你的檔案加分、增加記憶點。當然亂用其他字體也會有反效果，像娃娃體、手寫體就不大適合正式文書，我建議以黑體、宋體為主。

用色部分，無論是美編樣式、連結、還是重點文字的顏色，都建議選擇同一色系，而不是大雜燴亂套用顏色（連結用深藍、重點文字背景用綠色……）如果你跟筆者一樣不太懂配色，推薦你選一到兩種顏色就好，像筆者的檔案只用淺綠色與灰色。

6 製作 PDF 目錄、段落超連結

一般同學都會為學習歷程自述加上目錄，但如果你有餘力，其實還可以多製作目錄超連結，點標題就能直接跳到該段落，打開 PDF 檔案時旁邊也會有目錄欄位。記得在目錄頁補充「點標題可快速前往該段落」。如果你的檔案篇幅較長，多加目錄超連結這個小巧思可以方便教授審閱喔！

以上就是筆者的學習歷程自述範例和六個製作的技巧啦！所有技巧與寫法都是圍繞在「方便教授在最短時間內讀到重點」來設計的。最後想提醒大家，上文都是個人的意見與策略，學習歷程並沒有所謂最佳解法一說，只有最適合你的作法。如果你喜歡筆者的作法或設計，歡迎參考原始檔案，結合你的個人特色或技巧，讓你的學習歷程自述更獨特、更有說服力吧！

關於多元表現綜整心得：
十個製作注意事項與建議

文／子甯

先恭喜各位高三生從學測地獄中解脫啦！不過先別急著放鬆，學測後的寒假該做的事情還有很多！其中一個就是著手準備升學時非常重要的 NOPQ 項，而今天筆者要帶大家來看其中的「多元表現綜整心得」應該如何製作。

首先，一定要弄清楚基本格式與規則。以下筆者整理了針對多元表現綜整心得的三個特殊規定：

1 八百字三張圖為限

有別於學習歷程的其他項目，多元表現綜整心得相對有比較多制式規定。千萬不能像製作課程成果或其他多元表現時一樣，用大量的圖片來說故事。多元表現綜整心得的整份檔案只能有八百字與三張圖片。因此「精選重點」、「刪減贅字」以及「製作能包含較多資訊的圖表」會成為關鍵。

2 檔案大小 5MB 以內

除了字數限制和圖片數量限制之外，多元表現綜整心得也有檔案大小限制。在檔案不得超過 5 MB 的情況下，同學們要思考如何以更簡單的方式呈現自己的能力，也可以善用 Smallpdf、iLovePDF 等 PDF 壓縮軟體，讓自己在書寫時比較不用受限制。

此外，檔案大小不得超過 5 MB 和剛剛提到的八百字與三張圖片皆為「個人申請」中大學校系的規定。如果你想申請的是科技大學，規定可能會有所不同，建議先確認簡章內容再開始製作。

3 **多元表現綜整心得跟多元表現不一樣！**

　　還有很多同學以為自己在高中三年已經有上傳多元表現，就算是完成了多元表現綜整心得。不過「多元表現」跟「多元表現綜整心得」雖然名字很像，卻是兩個不同的東西。「多元表現」是在各學年上傳課外的活動經歷，「多元表現綜整心得」則是在最後升學前為你高中三年的經歷寫一份總整理，所以絕對不要漏掉製作多元表現綜整心得。此外，多元表現綜整心得在系統勾選時，也和多元表現的勾選是不同份檔案，這部分同學們也要多注意。

　　弄清楚規定後，終於可以開始製作了。筆者詢問了申請過不同校系的學長姐們，為大家整理出六大製作建議：

1 **照片呈現要包含說明與標示**

　　相信大家在多元表現綜整心得中，很有可能會加入圖片。不論你加入的是圖表還是活動的實際照片，都要記得加入簡單的說明，不要讓讀者猜測你想用圖片表達的意思。而如果你的活動照片裡面有很多人，除了簡單說明外，還可以使用箭頭、框框等，將自己標示出來。特別是大合照，如果沒有標示讀者真的不會知道你在圖片中的哪個位置。

2 **將重點濃縮在標題裡**

　　再來，和學習歷程自述一樣，運用大、小標題是很重要的。你可以試著將重點濃縮在標題裡，讓你的標題看起來足夠有吸引力。這裡的「吸引力」不代表你要在多元表現綜整心得中加入很多記者標題，而是要讓讀者一看就能抓到整段內文的重點。

3 以學系需要的能力特質為關鍵字並對應歷程

延續下標題這件事情，在下標題時也可以參考學系重視的能力特質。如果你能把你過去的歷程、經歷對應到大學教授想要看到的特質，或是以校系要求的特質出發，簡述自己過往的活動經驗、能力養成，一定是最好的。而這時可以直接把大學教授想要的特質放在你的標題裡，作為標題吸引人的關鍵字。

如果你不知道你想申請的學系需要什麼能力特質，可以使用ColleGo! 來查看。只要先到 ColleGo! 首頁，點選「大學選才」中的「認識學類」。選擇你有興趣申請的學類後，會看到「高中準備」與「能力特質」的選項，從中就可以找到教授希望申請這個學系的人具備的多元能力與性格特質。

4 所有的能力都需要例證

雖然寫出很多能力是好事，不過同學們在做這個步驟時也要注意，所有的能力都需要例證、不能太空泛。舉例而言，單純說「我有團隊領導的能力」會讓人不知道為什麼你認為自己有這個能力，讀者也不知道你這份能力具體有哪些應用。但如果能舉出你曾經帶領團隊的一些實例，就會讓這句話有說服力許多。

5 透過 What、Why、How 三個方向書寫

看完這麼多建議與提醒，如果你還是沒有靈感，不妨試試看從 What、Why、How 三方向書寫。這個技巧不只可以用在多元表現綜整心得，在製作任何升學相關的文件卡關時，都可以用這三個方向來發想。

從這三個關鍵字出發，你可以開始問自己一些與多元表現綜整心得相關的問題，並詳實記錄自己的回答。例如：你有哪些多元表現？為什麼要寫這個？為什麼某份檔案可以從多個檔案中脫

穎而出？如何寫可以一下抓住教授的眼球？將這些問題的答案統整起來後，你就會有下筆的方向了！

6 注意排版

最後，各位同學在製作時一定要注意排版。可以適度地美編或使用模板，來讓自己的檔案更有亮點。但一定要注意，美編排版以簡單、乾淨、不影響閱讀為原則。除非你要申請設計、美術相關的科系，否則千萬不要讓你的美編排版奪走了讀者對於文字內容的注意力。

看完以上說明後，如果你還是不確定要如何製作，筆者想給大家最後一個也是最重要的建議：多看學長姐的範例。看範例最能清楚了解如何製作，你也可以從學長姐的檔案中，尋找你可以學習或是應該避免的地方。

至於要如何取得學長姐的檔案作為範例呢？有三個主要的管道：

1. 學校輔導室。
2. 網路資源。
3. 各大學為高中生舉辦的活動。

學校輔導室通常都會蒐集過去學長姐的檔案，因此只要去輔導室詢問，應該可以找到　些資料。只是因為 108 課綱才實施第三年，學校不一定有你想申請的校系的參考檔案。所以如果學校檔案中沒有你想申請的校系，下一個可以嘗試的方向就是使用網路資源。凡鳥手札以及 Lucker 雲端圖資館都有許多學長姐分享出來的檔案，一定能找到你想申請的科系範例。

如果以上兩個管道都無法讓你取得想要的校系的範例，最直接的方法就是去參加各大學為高中生舉辦的活動，例如臺大在三月時會舉行杜鵑花節。以杜鵑花節為例，各科系的學長姐都會擺攤，不只會在攤位上細心回答你的升學疑問，許多科系的學長姐

也會貼心地準備參考資料懶人包給高中生們，其中可能就會有你想要的範例了。

最後為大家統整本篇文章中提到的所有注意事項和建議：

1. 檔案內容以八百字和三張圖為限。
2. 檔案大小 5 MB 以內，可利用線上壓縮網站。
3. 和多元表現為不同項目。
4. 呈現照片時盡量清楚說明，可標示自己的位置。
5. 標題要能濃縮段落重點。
6. 可對應學系需要的能力特質為佳。
7. 描寫個人能力時搭配例證。
8. 沒有方向時使用 What、Why、How 三個方向發想。
9. 排版以簡單、乾淨、不影響閱讀為原則。
10. 使用不同管道取得範例並多看。

希望看完這篇文章後各位同學會對如何製作多元表現綜整心得有更多想法，也祝大家升學順利！

關卡 **8** 個人申請　　251

小拉

多虧了學姐，我才能完成學習歷程自述與多元表現綜整心得的撰寫，謝謝學姐告訴我撰寫方向，並協助我修正檔案，幫我把內容改得更好！

不用客氣，也是因為你很認真參與呀！

莉莉

小拉

那學姐我想再請教你一個問題，就是我申請的校系需要進行英文面試，請問我可以從哪裡開始準備？例如會有哪些必考題？回答時該注意哪些地方呢？

這部分我可以和你分享我當初面試外文系的經驗。

莉莉

遇到英文面試怎麼辦？
三分鐘認識自我介紹與必考題目

文／子甯

多數外文、商管科系會將英文視為衡量學生能力的重要依據，在面試時常常會要求同學以英文自我介紹。如果是申請英文系、外文系，甚至可能整場面試都會以英文進行。

不過同學們不用擔心，筆者整理了自己參加臺師大英文特殊選才面試的經驗，以及臺大外文學長姐分享的二階口試題目，要帶大家來看看如何在英文面試前，先針對必考題準備好完美答案，希望能讓各位同學遇到英文面試時都能迎刃而解！

對很多同學而言，準備英文面試時只是將原先準備中文面試的答案翻譯成英文，但這樣可能會讓效果大打折扣。以下兩點是在準備中文面試時不會遇到，準備英文面試卻需要特別注意的事項：

語言、語法不同，表達方法也會不同

首先，中英文在語法上有許多差異，若僅僅是將中文面試的回覆翻譯成英文，不但有可能在面試時不小心講出所謂的「中式英文」，更可能錯失表達自己的機會。

最大的差異就是語序不同。中文表達習慣先因後果，英文則較常使用先果後因的語序。換句話說，用中文回答面試問題時，我們經常會先提出自己的背景、經歷，再以此引出個性、專長等重點。但是在用英文回答時，比較好的作法會是把重點放在開頭，開門見山地向教授說明這段回答中最重要的內容，再進一步說明。先從每段最重要的主題句（Topic Sentence）出發，再發想能佐證主題句的細節。

對語言的熟悉度成為脫穎而出的重點

此外，在中文面試時，大家幾乎都是以母語回答，對於語言的掌握度與熟悉度不會有太大的差異，因此教授的評分重點會是回答的內容、想法與儀態等。但在英文面試中，對語言的熟悉度絕對能成為你脫穎而出的重點。

這兩個練習方向可以讓你聽起來對英文更熟悉：

1. 透過多聽、多說練習發音。

2. 事先建立自己的模擬面試題庫與擬答。

發音會決定教授對你的英文能力的第一印象，因此若是學校有外師等資源可以練習英文口說，一定要多加利用。如果沒有也沒關係，可以利用線上資源練習，例如找符合自己的語速、能力的英文 Podcast 或 YouTube 影片，試著逐句停下模仿發音和語調，也可以使用 VoiceTube 的口說挑戰、Cool English 的口說課程等幫自己規劃更完整的練習。

不過如果英文發音真的不是你的強項，可以先準備好答案並反覆練習。這樣不但能讓自己在面試當下聽起來專業且有自信，也能避免在語言的使用上犯錯。接下來就一起來看看如何準備英文面試的必考題吧！

必考題一：英文自我介紹

最常出現的必考題絕對是自我介紹。一個準備萬全的自我介紹不但能讓教授對你留下好的第一印象，更能把教授後續的提問方向引導至你熟悉的問題。因此好好準備自我介紹非常重要。在準備英文自我介紹時，筆者建議特別注意以下重點：

1. 內容精簡、零語法失誤。

2. 活用不同句構：從活動延伸個人特質。

3. 使用精確的動作動詞（Action Verbs）取代冗長的描述。

針對第二點，筆者整理了一些自己在準備自我介紹時覺得很實用的句型給大家參考：

- …has long held a great fascination for me.
- I would like to devote myself to… to gain a deeper understanding of…
- I participated in/have been engaged in…, and thus honing my skills in…
- …is one of my strong suits.
- I am excited to dive into…
- I am sure…will become my biggest advantage to succeed in your department.

此外，使用 Action Verbs 也很重要。例如在說明你擔任某個社團的領導者時，除了使用 leaded 之外，也可以替換使用 coordinated（協調）、guided（帶領）、achieved（達成）等更精確的動詞，讓別人能夠更清楚你在團體中的付出。認識更多 Action Verbs 也能幫助你更直接地表達做了什麼，不用使用一堆形容詞或子句來描述。

以下為高中活動相關的動作動詞：

- 領導力相關：headed, coordinated, directed, executed, improved, pioneered, achieved, guided, motivated
- 課程或課外活動相關：participated, engaged, acquired, honed, obtained, gained, enabled
- 研究（小論文）相關：analyzed, collected, critiqued, evaluated, examined, interpreted, interviewed, investigated, summarized, surveyed

除了掌握單字和句型，也要記得不論是中文還是英文的面試，內容都是評分重點。因此絕對不能只聚焦在單字、句型，要先認識自己的個性、特質，試著歸納出最重要的部分，並嘗試讓自己的能力與個人特質能和面試的校系連結，才能讓這些單字與句型成為幫助你表達的助力。

必考題二：日常系列問題

面試時也很可能遇到比較日常的問題。其實教授並非想要用英文把學生考倒，而是希望透過英文面試了解同學將英文作為學習工具的能力，所以許多學校在面試時會選擇較貼近考生日常的問題，以此測驗考生是否能將英文活用在生活與學習過程中。

英文面試時會出現的日常問題包含：

- Why do you want to study in our school/department?
- What do you know about our school/department?
- What do you want to do in the future?
- Tell me about a person who has had a great influence on you.
- What is your greatest achievement?
- What are your weaknesses?

這些問題的共同點是它們都比較貼近考生，不需要太多跟科系有關的專業背景知識就能回答。但也因為這些題目看似比較簡單，反而更有可能在回答時失誤，因此還是需要好好練習。在練習時可以參考這兩個原則：

1. 盡可能多表達但不要離題。
2. 清楚列點與總結。

這種貼近自己的題目是表達想法的關鍵！所以千萬不要錯過，可以多展現自我。但盡情發揮的同時也要注意，這類題目通

常是講述自己熟悉的領域或經歷，因此同學們很容易回答著就不小心離題了，如此一來反倒會多說多錯、得不償失。

而如果要在回答一個題目時提到多個理由或事件，一定要記得一開始就開門見山地講出重點，並且在回答的過程中用一些單字、片語清楚列點，也要在最後提出總結，才能讓聆聽者容易抓到你想表達的重點。

可以用這些片語列點：first of all, first and foremost, above all, secondly, furthermore, in addition, last but not least。總結時則可以用這些片語或單字：all in all, to conclude, to sum up, as a result, consequently。

外文系、英文系新出題方向：閱讀跨領域文章

第三種題型則是筆者想要特別分享的外文系、英文系最新出題方式——閱讀跨領域文章。學校可能會在考生進入面試教室前的三到五分鐘，先給考生一篇文章，並在進入面試教室前收走，面試時可能會問文章內容的摘要、對文章內容的看法等。

這樣的考試方法過去在臺大外文系與臺師大英文系的二階口試都曾經出現，也有學長姐在分享時提到，這部分可能會佔一半以上的面試時間，因此很可能是教授評分的重點。

此外，這種題型不像上述兩種可以事先擬答，只能透過不斷的練習，提升自己的英文閱讀、表達能力，因此非常考驗臨場反應與做摘要的能力。

要練習這類型的題目的話，可以選擇使用難度大約在全民英檢中高級的英文雜誌，練習在三到五分鐘內閱讀雜誌文章，並且試著一看完就用英文口述文章的摘要。準備時也可以用 TED Talks、時事脫口秀等管道，多接觸不同領域的單字，這樣不論面試時遇到哪個領域的文章，都能更快理解內容。

都準備好之後，就剩下不斷練習了。畢竟英文不是我們平時

在生活中常用的語言，因此更需要在面試前密集地練習。找英文老師或同學模擬面試也非常重要，透過他人的反饋，可以更快更正自己的錯誤，也可以在模擬面試的過程中訓練自己的臨場反應。

練習初期可以著重在內容的修正，將自己的回答一次次優化。練習後期則可以注意自己的語速、語調。有些同學在講英文時可能發生語速太快、太慢，或是語調沒有起伏等問題，如果能將這些問題改善，一定能讓教授留下更好的印象。

在面試前應該要不停修正，但在面試當下，不論你對自己的準備滿不滿意，都要給自己 200% 的信心。在面試時看起來不緊張、有自信，絕對有加分效果！希望各位要參加英文面試的同學都能順利完成。只要盡力去做，一定能有好結果。祝大家都能準備順利，超常發揮！

在莉莉學姐的幫助下，小拉順利錄取了她心中的理想校系，但另一方面，很遺憾，克也在繁星第一階段篩選比序時就被刷了下來，經過一番考量之後，克也決定再給自己一次機會，拚一拚分科測驗。

關卡 9
分科測驗

同時，他心中有一個小小的擔憂，於是克也去問問看有分科經驗的和也。

克也

哥，我目前決定要考分科測驗了，但我其實沒有信心能在家中保持專注，認真讀書。

和也

那很好呀！既然決定了方向，就要努力往前衝！倒是我可以分享幾個提升專注力的技巧。

無法專心複習怎麼辦？分科戰士六個提高專注力的技巧！

文／Amanda Chien

毅然決然投入分科測驗的你，總是很難專心坐在書桌前複習？想到其他人已經脫離苦海而羨慕、動搖？準備分科測驗從來不是件容易事，特別是在幾個月內保持專注持續複習，因此本篇文章，考過分科測驗的筆者要與你分享一些自己用過的小技巧，幫自己更堅定意志！

1 換成智障型手機讓你更專注

「打開 Instagram，滑個限動、貼文，再看看 YouTube，看幾個廢片，喜歡的 YouTuber 更新了，十幾二十分鐘的影片，配個零食，接著打開 LINE，看到聳動標題新聞，想說去看一下那些爆氣留言娛樂一下自己，好朋友剛好在線，你一言我一句，聊個不停，好不容易聊完，兩小時過去了……。」

覺得上面的流程很熟悉嗎？這是筆者的日常。生活在網路世界的我們，時時刻刻依賴著社群媒體，然而一天能用的時間也不過幾小時，隨便一滑，時間轉瞬即逝，接著再懊悔、不停責怪自己，無法逃離這個惡性循環。

如果你也因為 3C 產品而無法專注，何不將你的智慧型手機換成只能打電話、鍵盤數字跟鈴聲一樣大的智障型手機？與家人朋友溝通好，有急事打電話給你即可。雖然看起來很誇張，但請相信我！改用傳統型手機後，你的生活會瞬間變得清靜許多，也會發現就算沒有即時回覆朋友限動，世界也不會毀滅，從前依賴的種種，都將變得無足輕重，甚至，你會發現原來你真正想關心的人並沒有自己想像中的多，對於家人你也會更感恩他們的陪

伴，最後，那些已上榜同學帶來的誘惑也會被隔絕於千里之外，無法影響你！

對於考生來說，除了時間和記住知識，注意力同樣非常珍貴。不用智慧型手機看似很激進，但非常時期需要非常手段，在你需要大量注意力的情形下，這可以將你一天珍貴的專注力放在真正該在意的地方，減少分心的機會。

2 限定一小時網路時間，不至於跟社會脫節

看完第一點你一定會想說，如果有重要訊息怎麼辦？除了事前就先說好請他們傳簡訊或打電話給你，還可以在一天中安排一小時網路時間，利用這一小時回 LINE 訊息、查收郵件、看看國際時事、新聞、知識類型的影片等等，或者查資料補充讀書時不會的筆記。當然，你也可以去看看朋友們的新貼文，但前提是自己心態千萬不要被影響，像我個人是個十分容易東想西想的人，所以備考的時候我把 Instagram 帳號暫時停用，主動隔絕那些容易影響心情的資訊。如果你是個需要用文字抒發的人，推薦你使用 LINE 貼文，可以設定公開對象，讓知心好友們知道你的近況即可，也不會讓你無法控制自己的小手手滑來滑去喔！

特別注意，一定要讀完書才能開始網路時間！筆者自己推薦的上網時間是睡前三小時之前（假設十一點睡覺，七點到八點即是你收發訊息的時間）。否則手機或電腦螢幕的藍光會影響褪黑激素分泌，連帶影響睡眠品質與讀書狀態。

3 把目標寫在讀書看得到的地方

準備分科測驗有一百天以上，每天做著一樣的事，難免會覺得迷惘、灰心喪志，忘記當初為何選擇這條路，為何不跟其他人一樣學測就上？所以筆者建議所有拚分科的學弟妹們將自己的目標、或一些自己喜歡的勵志語錄寫在書桌旁邊，尤其是坐上書桌

的時候就會看到的地方，提醒自己不忘初衷。

筆者當時甚至將撕碎的大學面試應考證放在面前，時時刻刻告訴自己：「這是你的選擇，要對自己負責，千萬不能後悔。」儘管這個小辦法不能實際提升成績，然而筆者覺得對於時不時慌張迷茫的分科戰士是極為有效的定心丸。

4 寫日記，強迫自省！

睡前寫日記是筆者學測前三十天為了練國寫手感而養成的習慣。筆者發現在寫日記的過程中，除了記錄日常瑣事，更是反省一整天讀書狀態的最佳機會。不需要寫一整段的流水文，可以主要分成四個部分記錄：

- 檢視今日事項（讀書、運動、生活習慣……）的完成百分比。
- 可以改進、加強的三件事。
- 今天值得你感恩的三件事。
- 日常小 murmur（大約三十字）。

有時候就算對於一天沒什麼感想，也會基於完美主義，強迫自省，寫滿三點。這不僅能提升對自我身心狀態之覺察，也能夠及時調整讀書方法，對於建立更強壯的考前心態相當有幫助！

5 番茄鐘讀書法

番茄鐘讀書法想必大家都聽到爛了，然而分科戰士要讀的科目較為單一，不像學測需要替換讀，反而更加容易感到疲乏。因此使用番茄鐘讀書法（Pomodoro Technique），將時間切分成讀書五十分鐘、休息十分鐘或讀書二十五分鐘、休息五分鐘，完成一個又一個的時間段，不僅能在短時間內獲得成就感，更能長時間保持高效狀態。

筆者是選用讀書五十分鐘、休息十分鐘，順便控制自己寫題

目的速度，例如我會規定自己在五十分鐘內完成一份考古題，時間一到，我便會離開書桌伸展、踏步，保持身體活動，減緩肢體僵硬。十分鐘過後，回到書桌檢討考卷、訂正、補充、延伸，通常也會再耗掉五十分鐘，因此筆者讀一個科目平均需要兩單位的番茄時鐘，一天三科，就是六小時，但一整天下來從不會感到厭倦，也不會感覺時間過得飛快，反而是感到充實與滿足。

6 讀書計畫與每日清單，進度掌控，保持生活節奏

每天早上在讀書前，筆者都會先規劃當天的 To do list 以及查看讀書計畫。

To do list 是生活小事，在千篇一律的考生生活中營造一點儀式感，例如早上喝一杯咖啡、運動半小時、冥想十分鐘、刷廁所等等，規定自己一定寫五個，而完成率多少完全看當天心情，但只要完成率大於 40％，那天就會感到很滿足！我認為在高壓的備考生活裡，賦予自己一些精神打氣是十分必要的！

讀書計畫的部分，在日曆本上我會分成「一週必須完成的章節」與「每日應讀」兩個部分規劃，我不會每天設定一樣多，更不會規劃到剛剛好極限，章節會設定一回左右的容忍範圍，哪怕一天沒完成，這週仍能補回來。這樣便不會因為落後太多而容易想要放棄。我自己亦有規劃以課程主題為單位的時間表，大概控制一下進度，也更能掌握複習脈絡。

最後筆者想告訴大家，當你有心要改善自己懶散的讀書狀態、想要更加投入與專注時，你就已經贏了很多人了！完全斷絕對社群媒體的依賴並不容易，克服對於再次失敗的恐懼也並非易事，長達數個月的讀書計畫，光看也覺得疲憊。然而讀書最重要的是循序漸進以及狀態調整，做好當日事項、檢討、調整，看著計畫表一格一格的畫滿，最後不管結果怎麼樣，都會相當佩服與感謝沒有中途放棄的自己！

關卡 **9** 分科測驗　　263

克也

原來如此，我會試試看這些方法的，哥，謝謝你。想再問，你還記得當初準備分科時是怎麼讀書的嗎？我想把你的讀書方法，和我原本的進行對照，看看哪裡還可以再改進。

當然沒問題，很開心看到我親愛的弟弟充滿幹勁的樣子！

和也

分科考前衝刺讀什麼？
三大複習技巧告訴你！

文／吳伊晴

距離大考不到一個月，我要讀什麼？感覺都複習過了，我要從哪裡開始呢？前幾次模擬考成績都不理想，我該怎麼辦？不用擔心！筆者會將自己在考前衝刺時如何複習的訣竅告訴你，同時也會提供你一些心法，讓你在考前不再只是焦慮跟緊張，而是可以帶著自信跟充足準備去面對分科測驗！

考前衝刺的重點如下：

1 大範圍掃描考試內容：複習重點整理

當你覺得好像所有東西都讀過一遍且不知道該從何讀起時，筆者會建議你以自己之前做的重點整理本為主。但若你在之前複習時，並沒有做專屬自己的重點整理本，筆者建議你可以去購買坊間出版社出的考前衝刺重點整理。通常出版社都會做成小本，讓考生易於攜帶。

考前衝刺期間，利用這些重點整理本，可以快速地瀏覽跟複習所有可能的考點或是重要知識。而且這種重點整理本通常複習一次不會需要花太多的時間。若一開始不知道要從哪裡開始複習，筆者就建議將重點整理本從頭到尾看一次，且在瀏覽的過程中，可以利用螢光筆或是折角做記號，把自己還不熟的部分標示起來，反覆複習。

2 把錯過的變成會的：複習錯題本

在考前衝刺時期，最重要的事情是把自己錯過的題目或是觀念變成會的，因此筆者會建議你不要再去做新題目，而是把之前

歷屆、模考、參考書等錯過的題目拿出來訂正。如果你有在每次考完試或是練習完題目時做錯題本，就會減少要蒐集題目跟整理的時間。若當初沒有做也沒有關係，筆者建議你先以歷屆考題的訂正為主。錯題就是在幫你抓不熟的地方，因此訂正它們，其實就是在複習不熟悉的觀念，對於衝刺階段來說是投資報酬率最高的事情！

筆者利用錯題本複習時，也會把上一段所說的重點整理本放在旁邊，並在重點整理本上找到寫錯過的觀念，將它標示起來；同時，我也會在錯題本寫上該觀念在重點本上的頁數。如此一來，在接下來複習時，就可以有效率地強化觀念、熟悉題型。

3 給自己適度的壓力：時限記憶法

當前述的複習都做過至少一遍時，有時你還是會感覺自己有某些東西記不起來，筆者考前衝刺時就常常有好像讀過了但又不太熟的感覺。因此，筆者當初使用了時限記憶法，給自己一些時間壓力，讓自己不只能記憶更能達到理解。

例如社會科的部分，筆者會先將考試內容拆分成不同單元，每個單元用三十～六十分鐘去做記憶，接著拿出一隻筆跟一張紙，把剛背完的內容用心智圖或是樹枝狀圖列下來，接著再回去對照重點整理本，找出自己剛剛沒有記到的部分補充上去。這時你就會發現，你對於自己剛才沒記到的東西，會產生一種深刻的記憶。反覆操作幾次，你便會在不知不覺中記憶越來越多的東西，而這些也將變成你的長期記憶。

在學習的路上，很少有人可以學一次就會，成功也不是一蹴可幾，因此我們要靠著不斷反覆的複習、練習，才能一步一步建立起我們自己的實力跟信心！最後想告訴大家，考前複習原有的東西絕對比學習新的東西來得重要！要重新掌握一個全新的知識需要花費大量時間，如果用來複習舊有知識並加深印象，投資報

酬率一定更高。除此之外，考前讀熟悉的、看過的東西，可以幫助你建立信心，因為當看到你之前沒看過的知識，你可能會開始緊張你是不是沒有讀到。這時，選擇把重點整理本跟錯題本拿出來反覆做練習跟複習，可以讓你在過程中比較不會感受到壓力，也能有相對的知識的輸入跟輸出，是考前衝刺時期最好的選擇。

筆者要祝福看到這裡的同學們考試順利，在這一條辛苦的準備路上，你們已經快要抵達終點了，再多花一點時間、再反覆多讀幾次，你們都會在考試當天大放異彩，將你們這段時間以來的努力成果，好好展現跟發揮！

關卡 ⑩ 選擇大學

時間又飛快地過了幾個月，熾熱的酷暑到來，克也終於考完了分科，正準備選填志願。但他心中有些疑惑，因此他回學校找盧老師商量。

克也

盧老師，我雖然已經有明確的目標校系了，但同時也有廣泛的興趣，想多方探索，不太確定要選校還是選系才好？

盧老師

這個問題是個大哉問呢，不過你還是可以從幾個方面下手。

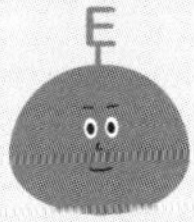

高一到高三都適用！
越早知道越好的選大學心法

文／宜蓁

　　儘管經過了高中三年的探索，還是有不少人在最後填志願時，無法決定想念的科系是什麼，抑或是在多個心儀的科系中選不出最想在大學時深究的領域。因此，筆者在此想提供幾個快速探索的方法以及選大學時可以考量的多重因素。

如何找到喜歡的科系？

　　在尋找喜歡的科系或領域時，可以先透過 MVP（Minimum Viable Product）去驗證。MVP，中文為最小可行性產品，是指用最低的成本先完成一個最初階的版本，並以最快的速度放到市場上測試是否可行。此概念通常應用於產品的開發，但也能成為生涯探索時一個很棒的工具。藉由不斷的測試與優化修正，一步一步篩選出自己最有熱情且最適合的科系與職業。具體作法由淺到深會分為三個階段：

- 網路資訊：通常是大部分人開始探索的第一步，可以透過 ColleGo!、104 等網站快速了解十八學群所學的內容及未來出路。另外，也可以直接用搜尋引擎搜索你有興趣的科系，以獲得更多更深入的資訊，而這些資訊也會成為下一步訪問的基礎。在這一步通常會留下五～十個有興趣的科系。

- 訪談：只有在網路上查資料是遠遠不夠的，而大多數的學生可能只有做到這一層面就停止了，上大學後才發現科系的真實樣貌與原先所想的大相逕庭，所以實際去訪談就讀該科系的學長姐以及未來想成為的職業之從業人

員很重要。訪談過程中可以著重提問工作和求學時可能遭遇的困難以及黑暗面，反問自己能不能接受或是未來需培養什麼能力才能克服，並藉此觀察訪談對象的人格特質和工作的環境自己是否喜歡。此外，若是身邊沒有人能給你訪問，那麼也可以在各大社群媒體與論壇上找看看，也能在 IOH 上觀看學長姐與教授的訪談影片。這一步通常會篩選到至多三個有興趣科系。

- 簡單體驗：最後，可以透過一日見習、簡單的小專案實作、短期實習、上課等等方式，親自體驗該職業的面貌。不僅能親身感受未來要投入的領域，也能在過程中發現自己的不足，知道自己未來該加強哪些能力。

學校怎麼選？

確定大致的科系之後，再來就是選學校了，除了根據分數去選填之外，也能將以下三個面向納入考量：

- 資源多寡：前往校網以及系網查看各學校所提供的資源，諸如交換學生、獎學金、學術活動、研究資源、教授們的專長領域等，過程中也會慢慢了解各校系的特色與差異。資源當然越多越好，但也可以留意自己需不需要這些資源、這些資源對自己的未來規劃有幫助嗎？甚至也可以提早設想自己大學四年會如何運用它們。

- 地理位置：除了離家遠近之外，地理位置的差異也會影響課外活動。通常北部的實習機會較南部多，且有一大部分的實體活動，像是各大競賽、講座和培訓計畫等，也都在北部居多。另外，各個縣市都有其不同的特色（例如臺北常下雨、臺南較多美食），選學校時也可以將自己的喜好與生活習慣納入考量。

- 學校聯盟：各大學為了共享資源與提升競爭力，會與其

他學校共同組成聯盟系統，其中最知名的非臺灣大學系統莫屬，包含臺大、臺師大、臺科大三校，還有其他像是臺聯大系統（中央、陽明交大、清大、政大四校）、臺綜大系統（中山、中正、中興、成大四校）等。聯盟內開放學生跨校選課與圖書借閱共享，是一項選大學時可以考量的因素。

選系 VS 選校大論戰

現實不一定像我們預想的一樣完美，在選填志願時可能會因為成績不夠或是家人價值觀等種種因素干擾，無法選擇心目中最理想的校系，此時選系還是選校就會成為一大難題。

通常選系會較適合已有明確志向的人，而對未來方向尚且模糊的人則較適合以選校為主，運用校內的資源多方探索。同時，也可以考慮該校的轉系、雙主修或輔系難度，並評估自己能否克服各種玩樂誘惑，專心讀書。而不同類組也會有不同的選擇策略，例如三類較重視執照，因此會以選系為優先，二類則較重視校名。

眾多因素衝突時，我該怎麼選？

首先，我們得先回到自身到底重視什麼，也就是自己的價值觀所在。我們可以列出自己認為選校系時應該考量的所有因素，並為這些因素排重要順序，分別設定不同的權重比例。接著，為有興趣的幾個校系依據考量因素評分，最後看哪一個校系分數最高，那它可能會是最適合你的校系。

	臺大中文		成大臺文		成大環工	
科系喜歡程度（*10）	5	5*10=50	5	5*10=50	1	1*10=10
天氣（*3）	1	1*3=3	4	4*3=12	4	4*3=12
地理位置（*5）	5	5*5=25	3	3*5=15	3	3*5=15
學術資源（*1）	5	5*1=5	4	4*1=4	4	4*1=4
總分		83		81		41

舉例來說，筆者認為課外活動很重要，那麼地理位置就會設為 5 分，而學術資源相對不那麼重要，就會設為 1 分。因此對我來說，臺大中文可能就會是最適合我的校系，而在評分時，也可以同時檢視自己前面蒐集資料的階段有沒有做確實，是否有遺漏的面向？對該校系的了解是否已足夠深入？

（以上評分僅為筆者主觀立場，並不代表校系真實情況，同學們可以根據自己的想法製作自己的評分表！）

以終為始：串聯你的人生藍圖

我們出門前會先確認目的地、事先查好哪一條路線最近，同樣的道理也可以運用在生涯探索上。這就是以終為始的觀念，對未來若有明確的想像，就能釐清自己的目標，知道下一步該如何開始行動。

這邊筆者想介紹一個來自日本的詞彙「Ikigai」，是日文「生き甲斐」的讀音，「生き」及「甲斐」分別代表生存與意義，旨在幫助人們找到存在的意義，或是每天起床的理由。整張圖由四個面向的圈圈交集而成，分別是你喜歡做的事、你擅長的事、世界所需要的事、別人會付錢請你做的事，四個圈圈重疊之處便是 Ikigai。我們可以練習列出這四項，或者想像未來的你會寫出哪些事情。這些事不一定要是某個專業技能，也可以是很生活面向的，像是很會聊天、不賴床等。

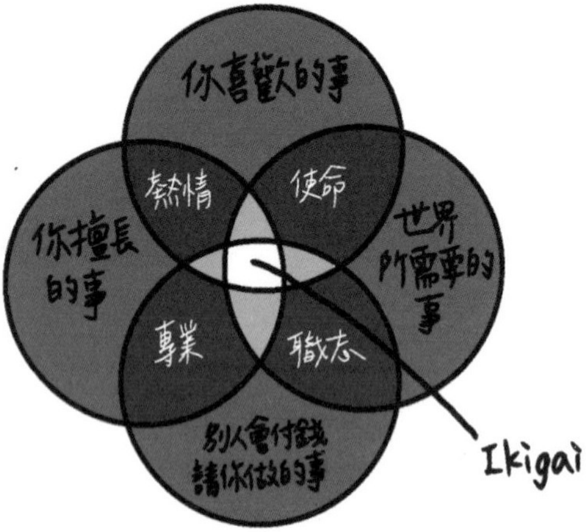

你喜歡的事 · 熱情 · 使命 · 你擅長的事 · 專業 · 職志 · 世界所需要的事 · 別人會付錢請你做的事 · Ikigai

　　對未來有大致的想像之後，該如何將其轉換成選大學的參考依據以及明確的下一步呢？我們可以運用「奧德賽計畫」聚焦近五年的行動。我們可以思考，若將 Ikigai 視為人生的終極目標，那麼為了更靠近這個目標，現在的我可以做哪些事？未來五年的我可以做哪些事？

　　「奧德賽計畫」可以用來制定三個版本的五年人生計畫，分別是最原始的 A 計畫、當 A 計畫不可行時的 B 計畫，以及完全不考慮任何資源、時間與金錢的 C 計畫。我們可以先從 A 計畫開始寫起，首先先將自己五年後想要達成的目標或是想成為的模樣，用六個字寫下來。接著再到圖中最大的區塊，也就是標示零～五年的計畫格子內，根據不同面向及領域，分別寫下五年的發展。舉例來說，我五年後想達成經濟獨立的目標，那我可能會分成事業與理財兩個方面去論述，第一年我要先學習專業知識，第二年參加各種活動，累積經歷等等。寫完五年計畫後，再根據資源擁有、喜歡程度、自信程度、一致性（計畫與人生觀、工作觀是否一致）等因素在儀表板上評分。分數由自己決定，主要是希望在制定完計畫後，能跳出原先的思考框架，重新審視一次自

己的計畫，也可以根據儀表板上的分數再回去調整計畫內容。最後，寫上這個計畫待解決的問題，明白該計畫的疏漏與疑慮。

當寫完奧德賽計畫之後，我便可以知道對我而言，選擇具有優質投資學課程與投資社團的大學是很重要的。此外，方便到達公司實習的地理位置，也能成為選擇學校的其中一項考量因素。

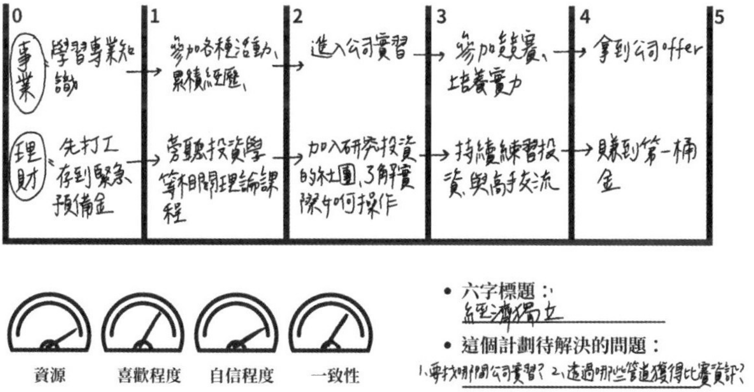

結語：生涯探索永無止盡

最後想跟大家說，雖然在升學時，我們不一定是握有主動權的那方，更多時候更像是接受選擇結果的一方。但不管如何請記得，從有限的選項之中，盡可能選出那一個最佳解，就是我們可以努力的方向，也是本篇文章希望強調的重點。

甚至，我們也可以不選擇。在升學時可能很難做到，但未來就業時，如果不滿現有的職業類別，跳脫出框架、自己創造一個新的選項，也可以是一種解方。因此，生涯探索永遠不會止於送出志願序的那一刻，我們終其一生都在進行探索，想找出自己存在的價值與定位。而過程中，迷茫是必經之路，很少有人第一次就找到最適合的解答，儘管前路漫漫，但願我們不會失去這份向外摸索與向內求探的勇氣。

最後克也決定跟隨內心的聲音，選擇了一間最適合他的校系。小拉與克也經過了高中三年的種種歷練與成長後，即將邁向嶄新的旅程，他們的未來還持續著，但遊戲到此便畫下了休止符。

感謝您的遊玩，若您還覺得意猶未盡，歡迎您進行二周目，說不定會發現一些意外的驚喜，也請善加利用主選單（目錄）選擇有興趣的關卡遊玩。

此外，本遊戲在最後還附有下一代遊戲的試玩版，僅包含三篇小故事。若您想體驗看看，請您按 Enter 繼續進行遊戲！

Chapter 5

恭喜通關，
遊戲結束！但……
還有下一款遊戲哦

大學準備指引

電視機正在撥放《飛哥與小佛》：「總共一百零四天的暑假又到來，離開學的日子還很遙遠，我們這一個世代每天都要面對如何用力痛快的玩耍，你可以……」

小拉

> 我……我不知道我暑假要做什麼呀！！！
> 這麼長的暑假就要被我白白浪費了嗎？

於是小拉決定問問看現在已經是大學生的學長姐們，他們升大學的暑假是怎麼度過的？她分別找來了莉莉、周周情侶檔，以及和也。

升大學的暑假要做什麼？三位筆者的經驗分享，讓你完美規劃暑假生活！

文／鍾佳諭、吳伊晴、甄瑩

　　還在思考升大學的暑假可以做什麼嗎？在這篇文章中，三位筆者將分享他們如何規劃高中升大學的暑假。有人選擇初次踏入職場、有人選擇充實自己的各式技能、有人選擇好好出去玩，你可以從筆者們的分享裡，挑選幾個自己想嘗試的事情，讓自己的暑假豐富又精采！

筆者一：身分的轉變，我要登大人！

　　筆者在升上大學的夏天，距離十九歲其實已經不遠。對我來說，升上大學不單單只是轉變成為「大學生」這個角色，更成為了「需要為自己負責的人」。當時考量到接下來大學就讀期間的日常開銷與學雜費，因此選擇在暑假期間找了間離家不遠的量販店去打工，除了能夠有實質收入，也可以在打工的過程中獲取平常沒有的經驗。

打工人的經驗談

　　選用短期工讀生，對於一般連鎖量販店而言是相當消耗資源跟時間的一個選擇。當公司訓練好新人之後，員工很可能就要離職了，所以一般在網路上投短期工讀的履歷通常都會被拒絕。我鼓起勇氣，選擇直接走到門市裡詢問是否有缺工讀生，很幸運地獲得了打工的機會！在通過基礎面試之後，還要去量販店合作的診所自費做體檢，之後才能夠順利入職。

　　相信大家都有去過連鎖量販超市，以我打工的經驗來說，工作人員不是在補貨，就是在支援收銀的路上！在量販店裡的工作

區分成兩種，第一種是在乾貨區，第二種是在生鮮室。筆者在這兩種工作區都有做過，疲憊的感受程度差不多，不過暑假打工時大部分的時間都在生鮮室裡度過。

打工外的休閒時刻

筆者升大學的暑假除了打工，特別空下兩週的時間和高中同學安排了國內旅遊，比起與家人同行、校內所安排的旅遊，自由行更有選擇的自由，可以決定出發時間、交通方式、住宿地點等。接下來就跟大家分享可以嘗試的旅遊方式！

拿出駕照，租車去兜風

有些景點與景點間較難以用徒步的方式到達，而公車需要等候較長的時間，此時「租機車」就會是最好的選擇方案！筆者認為在騎乘機車時更能夠感受到行程被自己掌握在手中的感覺，沿途除了馬路間喧囂聲之外，更多的是與旅伴之間談話的笑聲，能夠獲得非常好的體驗跟回憶。但在租賃機車時，在此想提醒你，可以先考慮旅行的地點是否適合騎乘機車、旅伴有沒有機車駕照、是否需要提前租車以及要記得買旅遊平安險！最後提醒大家上路時務必要考過駕照和注意安全哦！

跳脫過往旅遊形式，去住青年旅館！

在安排旅行時，青年旅館擁有兩大優點：價格經濟實惠、位在商圈附近，光是這兩項優點就足以讓人心動，因此成為筆者當時選擇住宿的首選。筆者住過的青年旅館形式和宿舍很相似，衛浴空間與房間是分開的，並且有上下鋪的床位，而這次旅遊入住的青旅有提供密碼鎖置物櫃和乾濕分離的淋浴間，因此對青年旅館留下了深刻的好印象！

筆者二：除了讀書外，我還有很多想做的事！

在升大學的暑假，很多人應該都會想要透過實習、打工的方式來增加自己的工作經驗，同時還有薪水可以拿，聽起來是個不錯的選擇。但是你有想過打工的時間可能就會佔掉你大部分的暑假嗎？除此之外，也有人會想到出國看看、體驗不同風俗民情，可是假設你沒有這麼多旅遊的經費，還有什麼事可以做呢？

筆者想到的是可以按照自己的興趣提升自己，找到自己注重的部分並全心全意投入，累積一些與大學科系相關的經驗和活動參與（不是單純讀書哦！）。

按照興趣來提升自我

筆者先是開始思考自己的興趣有哪些？透過心智圖、列點等方式，筆者找到自己的興趣所在，包含做甜點、繪畫、攝影、唱歌、打球、出門走走等，再安排先後順序，慢慢建構一整個暑假的規劃。

考駕照和做甜點是好選擇

筆者在暑假時報了汽車駕訓班，定期每天平日早上到駕訓班練車、寫練習題，同時也開始實施興趣計畫，像是製作可販售的甜品。筆者剛開始會製作簡單的甜品讓家人試吃，像是奶酪、日式布丁，到了下一個階段時則會增加難度，開始製作烤餅乾、曲奇、馬林糖，最後提升到烤麵包、吐司、提拉米蘇等。直到製作甜品的品質穩定後，便開始給其他朋友試吃、詢問一些建議、是否有購買意願等，與此同時也開始練習計算商品的成本、定價、做一些基本的商品包裝，最後再逐步修正微調到理想的樣子。放暑假一個月之後，筆者如期地拿到汽車駕照和機車駕照，興趣計畫也有慢慢的步上軌道，甚至還賣出一百盒奶酪！

高中同學出遊玩，大學同學相見歡

在暑假最後一個月，筆者將重心放在升大學以及高中朋友間的情感維繫。大學的部分是透過參加系上新生茶會、校際 EMI 先修課程、規劃選課來迎接第一學期的大學生活。除此之外，分科的朋友們也開始放暑假了，筆者便利用這段時間與好朋友們出門看看風景、感受難得的慢步調生活。

筆者三：善用時間投資自己

筆者利用升大學前的超長暑假探索自己有興趣的各種領域，像是行銷、繪畫、彈吉他、參加營隊、旅遊等。透過各種嘗試，你會發現還有很多的知識是在學校裡學不到的，因此筆者會推薦你利用這段時間去做「你以前高中想做但沒時間做的事」，在做自己喜歡的事情時，你會得到真正的快樂！

善用免費資源，拓展軟硬實力

筆者因為對於行銷領域相關的工作有興趣，因此在暑假期間透過 Google 所開設的免費課程，考取了 Google Analytics 4 以及 Google Ads 兩張證照，拓展自己在行銷領域的知識。除此之外，我也閱讀了許多行銷相關的書籍，像是：《從零開始讀懂數位行銷》、《數位時代的內容行銷入門必修課》、《數位行銷的十堂課》等。同時筆者也有去報名線上的免費行銷講座，透過聆聽前輩與業師的經驗，了解現在市場的行銷發展狀況，並增強自己的能力。

除了學習新知，筆者也利用暑假時間參加了三場免費的營隊活動。筆者當初是上高中學校的校網，看到有許多可參加的免費營隊。在營隊的過程中，筆者認識了來自各地且不同領域的高中生，也透過三個營隊接觸到三種不同的行銷議題，並與隊友在討

論的過程中碰撞出思考上的火花。

　　筆者也推薦可以利用這段時間與夥伴參與各種競賽，除了可以提升自己寫簡報、寫企劃、團隊合作、上臺發表等能力，還可以在競賽的過程中認識各路強者，跨出自己的舒適圈，勇敢面對未知挑戰，並累積自己的軟硬實力！

若有機會，出國走走吧！

　　筆者有幸可以在暑假期間與家人去到埃及這個古文明國度十日遊。這趟旅行讓筆者看到有別於亞洲的文化與建築，以及當地民眾特有的生活方式和品嚐當地美食。在埃及除了著名的金字塔與各種神殿之外，還有郵輪、臥鋪列車、馬車等各種活動體驗，還有特殊的鷹嘴豆泥、鴿子肉等食物。但筆者也在與埃及人的聊天與接觸的過程中，學到他們樂在生活的態度，也因此反思並珍惜自己現有的生活。去國外走走，你可以看到與自己所處環境不同的生活方式與思考模式，進而增進自己的世界觀。透過短短的時間，雖無法深入當地，但是卻可以透過品嚐美食、體驗活動、欣賞文化建築等方式去感受異國之美。

完成高中來不及做的事

　　筆者在暑假期間裡，也透過買材料、上網看影片學習了繪畫和針織，這兩件事因為需要花費大量的時間，筆者在高中時一直沒時間去嘗試。繪畫對於筆者來說是一件很紓壓的事情，可以訓練專注力與耐心，若是真心喜歡，你也可以在繪畫的過程中感受到心靈上的放鬆。而想學針織則是因為筆者一直很想做一個屬於自己的包包，所以便開始上網蒐集各種針織包包影片並準備材料，花了約一個月的時間終於把包包做好，也在製作的過程中感受到針織的樂趣，看到成品後也有滿滿成就感！

結語：找自己想做的事情，然後開始吧！

在看完三位筆者的分享後，你會發現筆者們暑假規劃的出發點都是「找自己有興趣的事情去做」。在這段漫長的暑假，你可以放下所有壓力，好好去體驗生活，因此找自己喜歡的事情並去實踐，就是這段時間的核心精神！筆者們希望可以透過分享經驗的方式，讓你們有動力去安排屬於自己的暑假行程，希望你們能在這段時間裡，補足過往因升學壓力而沒體驗到的活動、嘗試跨出自己的舒適圈、並且珍惜與朋友和家人相處的時光。青春不留遺憾，筆者們願你的青春歲月充滿美好回憶！

在聽了學長姐的分享之後，小拉突然有了靈感，她想要把握所剩不多的暑假，與克也以及親近的大學生學長姐們（莉莉、周周、和也、小綾），六個人一起去澎湖旅遊，享受悠閒的離島氛圍。結束一整天的玩樂行程，大夥兒在民宿一樓的餐桌邊吃晚餐邊閒聊。

小拉

所以升上大學之後，真的可以玩四年嗎？

莉莉

這絕對是高中老師說過最大的謊言。

其他人

認同。

莉莉

我們不如請高中是學霸，大學後還能成為系排一的女神小綾來為我們分享她是如何讀書的。

小綾

唉唷，莉莉你太誇張了啦，我沒有那麼厲害。

克也

但學姐其實我滿好奇的。

和也

既然親愛的弟弟都這麼說了，小綾你要不要分享看看？因為我也想知道大學課業究竟要怎麼讀才能拿高分？我要偷偷筆記下來。

大學就是不用讀書好好玩四年？
大學讀書經驗分享

文／子宵

你有想過大學之後的成績是怎麼一回事嗎？筆者跟大部分同學一樣，在升上大學前完全沒想過大學該如何讀書、需不需要顧成績，只帶著快樂跟期待的心情去上大學。然而在臺大度過的第一個學期讓我對成績與學習這件事有了新的想法，想在這篇文章中跟即將升上大學的同學們聊聊。

大學真的需要顧成績嗎？

首先，大部分同學看到大學成績這個文章主題，第一個想法應該是，都大學了我還要顧成績？不是說好高中努力三年之後可以好好玩四年嗎？筆者要很誠實地跟大家說，在大學取得高分不是必要，但不用顧成績不等於無憂無慮地一直玩！筆者認為大學階段的確不需要花像高中一樣多的時間追求提高成績，但花比較少時間在課業上代表你應該利用多出來的課外時間參與課外活動、認識朋友、留下回憶或探索方向。而且不顧成績也不等於荒廢身為學生的基本本分，同學們在自我探索的同時，還是要盡量想起來自己還要上課、考試，不要讓自己被當掉甚至畢不了業。

筆者的作法是把時間切成不同的區塊。星期一到四留給學校，五六日則留給自己。因此一到四筆者會盡量把作業、筆記都完成，禮拜五放學後就完全不碰課內的東西，而是去參加活動、家教，或做自己喜歡的事情。

不過大學生的時間規劃可能會根據所選擇的領域有很大的差異。例如筆者有朋友就讀電機系，每週的作業量都非常龐大，就很難像筆者一樣把週末時間留給自己喜歡的活動。因此各位同學

可以實際進到大學一兩個禮拜後，再具體規劃讀書與課外活動的比重。

不用追求成績，但要追求學習機會

雖然筆者認為大學階段不用特別追求成績高低，但同學們應該把握大學時期，追求每一次學習機會。大學是同學們可以低成本接觸到最多教育資源的時候，例如校內有機會請到非常厲害的講師、舉辦含金量很高的計畫，都很值得同學們去參與。除了這些課堂外的學習機會，如果你就讀的是自己喜歡、未來想繼續發展的科系，筆者也認為在課堂當下認真聽講，就是把握學習機會最好的作法。這樣不但考前不用花太多時間讀書，也能為未來的生涯或生活做好準備。

因為筆者很喜歡自己就讀的科系，筆者會把去大學上課想像成去聽自己喜歡的講座，如此一來不但在課程當下會學到很多知識，也會感覺生活很充實、快樂，而非感覺一直被卡在學校。大家也可以試試看透過改變自己的心態，在大學階段追求更多能提升自己的機會！

要從大學帶走的並不是分數，但分數就像錢一樣

筆者在大學階段沒有特別執著於在校成績，然而因為身處在自己喜歡的領域，我在每個當下都投入所有去學習、挑戰，最後出乎筆者意料地拿到了全系排名第一。

意外取得很好的成績後，筆者反而開始在意成績，面對大學生活也不像從前那麼從容，這時候筆者才開始反思成績的意義。筆者想到系上的教授曾經說過：「你們要從我這裡得到的從來都不是成績，而是回饋。透過回饋，你們才有辦法在未來做得更好。」因此在這邊筆者也想告訴大家，要從大學帶走的東西並不是分數，而是課程內容、教授給的建議、自我探索的結果等，這

些東西才能運用在未來並且成為你的實力。

簡單來說，分數就像錢一樣，不該是努力的唯一目標，而是你在努力追求所愛的途中隨之而來的東西。但分數跟錢如果有多一點，都還是很不錯的。在大學擁有比較高的成績，等同於有比較多學習機會。例如達到一定分數的同學可以修更多學分，也更容易申請到交換學生、雙主修、輔系、轉系、學程，甚至研究所等。更不用說大學階段還有各種獎學金可以申請，所以分數不只性質上跟錢很像，還可以換成真的錢哦！

大學讀書方法

以上是關於大學讀書的心態分享。雖然不用執著於成績，但如果有個好方法能讓自己拿到更高的分數，相信沒有人會拒絕。因此最後筆者也想以上學期的經驗，跟大家分享幾個個人覺得很實用的讀書方法。不過要先提醒各位同學，筆者就讀臺大外文系，不同科系適合的讀書方法一定非常不同，因此如果你要就讀的科系與筆者不同，建議除了參考筆者的經驗外，更要詢問系上學長姐，才能得到更適合的建議。

以下是筆者上學期的讀書方法：

1. 上課認真聽講：很多同學可能想說課後自己讀課本、簡報就好，但其實很多重點教授可能是課堂當下提到，並不會出現在課本跟簡報中，因此上課認真會成為拿到高分的關鍵。

2. 使用紙本筆記：雖然很多人在大學階段會使用電腦或平板做筆記，但根據筆者自己的經驗和研究指出，用紙本做筆記對學習比較有幫助。筆者發現用平板或電腦做筆記的話，會想在教授開始岔題聊天時開其他分頁，結果反而教授已經拉回課堂內容了，我的注意力卻還沒拉回來。所以後來筆者會在課堂當下先用紙筆快速、雜亂地

把重點都記下（不一定要雜亂，只是筆者不太擅長做紙本筆記），回家後再用線上筆記軟體 Notion 重新整理過。這樣就可以有紙本筆記的學習成效、二次整理的複習效果，以及電腦筆記的精美。

3. 看清楚課程大綱、課堂指示：這點聽起來很基本，卻是很多同學容易忽略的。因為我們已經習慣高中時會有老師主動提醒我們，但大學後很多課程資訊可能是直接放在課程網，甚至藏在課程大綱中，而要讀書的重點也可能藏在裡面，同學們一定要自己主動去注意。

4. 學會表達比死記更重要：最後這點可能比較針對筆者的科系。我們經常考申論題，通常是沒有標準答案的，因此比起死背課本裡的內容、理論，筆者更建議同學們先利用升大學前的暑假訓練自己的表達、論述能力。這兩個能力能讓你不管遇到什麼題目，都能迎刃而解。

以上是筆者進入大學後面對成績與學習的心路歷程與讀書方法分享，希望能讓同學們對於大學讀書這件事有個初步的想像，也更知道該以什麼心態、作法面對。

聽完小綾的分享後，大家報以熱烈的掌聲。

莉莉

但其實小綾最厲害的地方是，她不只顧好課業，還參加了許多課外活動。

小綾

不，說到課外活動，莉莉才是王者，每天忙著處理一大堆活動事項，不知道她哪來的時間睡覺。

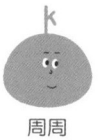

周周

這我可以作證，每次和莉莉出去約會，她總會時不時分心回覆群組的討論訊息，害我被晾在一旁。

莉莉

好吧，那我就來分享我參加了哪些課外活動，順便勸告小拉和克也不要步上我的後塵，小心爆肝。

欸，你等等有課嗎？沒事就走啊！
——大學課外活動分享

文／芋泥

在尚未升上大學前，你對大學的幻想是什麼呢？是來自學長姐的描述、偶像劇裡浪漫的場景，還是長輩口中所謂「之後就能好好玩」的地方呢？在這篇文章中，筆者將會結合自身與身邊朋友的經驗，讓你對大學的課外生活有初步的認識與嚮往，這趟旅程有很多風景，等你來體驗！

大學，是個與高中完全不一樣的地方

首先，大學沒有固定的朋友圈，每堂課遇到的同學都不太一樣，也是因為這樣，我們可以認識不同的朋友，並在不同的相處中找到最舒適、頻率最對的一群人，一起創造共同回憶。此外因為通識課、選修課、社團、友會等等的選擇，我們可以認識更多外系的同學，除了有不同調性碰撞出的火花，更是可以拓展人脈，鋪墊出社會後跨界互動的機會。

接著是時間的部分，也是筆者認為與過去差別最大的地方。大學的課程是自己安排的，可以在一定的條件下，規劃上課、休息時間。筆者有些同學甚至會星期五整天不排課，提早回家。因此我們有更多且彈性的時間來完成自己想做的課外活動，也可以在校內外打工，補貼生活費。

我到底要不要住宿舍？

在討論課外活動前，筆者覺得宿舍的選擇與否會是影響你參與程度的重要關鍵，身為大一上住家裡、大一下住宿舍的人有很大的感悟。

筆者有幸考到離家最近的大學，通勤時間約為四十分鐘至一小時，也因為從國高中就習慣通勤上下學，並不排斥且享受在通勤時的個人時間，於是決定大學也繼續通勤上下學。接下來，我將會用幾個面向，統整出兩個選擇的優缺點，你可以在閱讀的時候問問自己適合哪一種？

比較一：生活習慣與個人空間

上了一整天的課程，或多或少我們都需要一個感到舒適的環境來為自己充電，因此環境會是選擇時重要的依據。住在家裡有個很大的好處是生活習慣不需遷就於別人，我們可以很自由地保持過去十八年的習慣，不會做事情前要看看周遭的狀態，我個人相當喜歡這樣舒適的狀態。

但當我們住在宿舍時，遇到的室友好壞要碰運氣，且在這小小的空間容納兩～六種個性、想法，在前期還不太熟悉的情況下，筆者會變得有些畏縮、不敢做聲音太大的事，深怕會讓某位同學反感等等。此外宿舍的公共空間，也很看學校的清潔人員。以筆者的經驗為例，衣服根本晾不乾、廁所有異味、淋浴間總有不該出現的東西等，都是很讓筆者不喜歡的點。

比較二：時間的分配與取捨

通勤最明顯的困擾是花時間。當時的我若在早上十點有課，我必須八點起床、九點出門，才能準時抵達，雖然已經比高中時晚得多了，但相較於其他同學們，要提早起床、還要轉車，真的是太麻煩了！反觀住在宿舍，甚至只要提前半小時再起床，真的方便很多。

接著是下課後的時間，因為課堂時間容易排得很散，有可能上完早上三～四節後，下午九～十節才有課，那中間這五個小時的去處，若是有宿舍會方便許多。到了晚上，同學們很容易約晚

餐，甚至享受大學的夜衝生活。還住在家裡的我，每次一下課就回家，看大家出去玩，多少還是有些羨慕的，但交通時間導致我沒那麼容易隨叫隨到，很多局就算到了也要提早走，容易玩得不盡興。住到宿舍後，偶爾幾次玩到凌晨才跟同學一起回寢室，除了一群人一起行動相對安全，也更有上大學的那種自由感。親自體驗過後，覺得這些偶爾的瘋狂會是以後回味大學生活時，讓你不自覺嘴角上揚且令人懷念的回憶。特別是如果參加系學會、友會、社團等組織的開會或活動，時間通常會排到晚上，這時住宿舍方便太多了，且時間彈性也很大，這點對我、或是對於參與眾多活動或幹部的同學來說，是很關鍵的決定因素。

比較三：金錢開銷

已經大學了，同學們或多或少會開始自己賺錢供生活費使用，住家裡當然最大的開銷會是通勤費，不過同學們也不用擔心，多多查詢政府資料，會有許多月票的搭乘優惠，各生活圈的 TPASS 都很適合同學們使用。而宿舍最大的開銷應該是住宿費了，每間學校、或是校內不同的宿舍住宿費不一，不過政府也推出了大學住宿補貼方案，可以輕鬆減輕你的負擔喔！

統整完以上的優缺點，其實還有第三個選項是在外租房，上面大部分的缺點都能被解決，所以若是在經濟允許下，這也是非常好的選擇哦。

系學會？友會？社團？我該選哪一個？

回到本篇的主題，相信大家都有聽過大學的三大學分「學業、社團、愛情」，學業上一篇都說過了，在這裡就不多做贅述，接下來我將會以社團為主，將其細分為系學會、友會、社團讓你更快了解它們！

1 我適合嗎？

相信經過高中社團經歷後，你比較清楚自己在團體中的定位了，有些人會適合當決策者，有些人則適合聽從指令……。每一個取向都不用擔心，一定會有讓你可以展現的舞臺！而部分人會用十六型人格測驗測驗中的 I 人、E 人區分，說可能 E 人會比 I 人更適合參與活動，但筆者覺得這並不一定，大學的社團比高中的規模更大、決策的事件更具體、更需要自律或有責任地進行，因此我認為決定自己適不適合的關鍵因素是，你對這個地方有無歸屬感，讓你願意不求回報地付出自己的時間與精力、完成每一件事情。待在一個自己感到舒適的環境，才能真正的投入、有所收穫與成長，所以剛開始不妨多做嘗試、問問自己的內心。

2 系學會

系學會應該是你在剛升大一時第一個接觸到、且與你最相關的團體，他們必須熟悉系上大大小小的事務，並成為師長與學生之間溝通的橋樑，為系上同學爭取最佳的利益。大部分系學會要做的事情就是透過舉辦各式各樣的活動來凝聚同學們之間的感情，如最常見的宿營、耶誕或制服晚會、例會等等。

而生為大一的你，參加活動並不會付出過多時間，但大約在大一上期中，系學會的學長姐們就會開始招收「部員」，讓你初步地體驗到活動的籌辦。以筆者為例，我在大一上加入了系學會活動部擔任部員，協助系上學長姐，並負責制服晚會的表演主持，忙碌的訓練成了我大一上學期相當充實的時光。而大一下，系學會籌辦了我們學校非常盛大的活動「週系列」，各系會在學期選一週的時間，於校內擺攤販賣系上的相關商品，不僅可以推廣系上課程也可以增加收入，而我也加入其中一同共襄盛舉。在參加過系上許多的活動後，我發現自己很喜歡這樣的氛圍，也希

望自己能夠為系學會多做點事情，因此參選了下一屆的副會長。或許未來的我會變得更加忙碌，但做著這些感興趣的事情，相信我能過得很充實且磨練自身能力。

3 友會

高中的你可能對「友會」這個團體不太熟悉，大學的同學們來自四面八方，因此相同縣市、地區、國家的同學們，為了聯繫情感，就會組成一個個地緣性的友會，如中友會、高屏會、港澳同學會等等。因為筆者沒有加入友會，所以接下來我會簡單的分享從身邊同學口中得知的友會在做什麼！

友會最大且最重要的活動是「返鄉服務」（以下減稱返服），會利用上學期的時間規劃、籌備、彩排，在寒假時一起回家鄉的小學，為孩子們準備好幾天的活動，如表演、遊戲等等。因為返服要在上學期剛加入就開始密集地籌辦活動，對於大一新生來說，比起其他社團或系學會，這是一個非常快可以認識別系同學的媒介，且容易有共同話題，多數人都會覺得像是第二個家，甚至很容易完成上述大學的第三個「愛情」學分哦！不過因為只有四個月左右的時間能籌備返服，上學期需要投入大量的時間與心力在上面，且寒假會沒有太多自己的時間，相對辛苦一些！

4 社團

大學的社團數量遠比高中多，種類也更加多元，你想得到、想不到的，仔細看看就會有小驚喜。也因為社團有太多了，沒辦法一一介紹，所以筆者就在這裡簡單的介紹一下我的社團——親善大使服務隊。

每間學校的學生事務處都會將社團分為幾大類，如學術性、藝文性、康樂性、服務性、體能性等等，但我們是直接隸屬於學校的秘書室，主要負責雙語校園導覽、外賓接待、大型典禮頒獎

與司儀等專業禮賓服務。在經由專業老師一連串的表達、接待等培訓後，透過考核篩選出正式隊員，即可得到量身定做的制服，並可以「出隊」代表學校為外賓服務。聽起來是不是相當風光？然而我在準備考核的過程，容易懷疑自己，覺得與其他隊員的能力不相匹配等等，不過這些課題都在與其他隊員一起面對、互相鼓勵與協助後被解決，也減少了我的不安感，增加自信心！因此特別歡迎你升上大學後可以加入親善的行列，若沒興趣也沒關係，找到自己喜歡的社團，認識志同道合的朋友，一起發光發熱吧！

5 我想同時參加，推薦嗎？

經由上述三個介紹，相信大家對大學的課外生活有更多了解！若是覺得這些都不太適合你也千萬不要勉強，你會得到更多的時間做自己想做的事情，說不定能闖出更大的天地！但如果都很喜歡怎麼辦？筆者自己目前是擔任系學會的幹部，同時參加一個社團，自認為還能負擔得起，但沒辦法再多加其他的外務了，因此自己的時間分配與拿捏選擇很重要，找到一個平衡點，盡力完成所有職務，相信你可以在各式情況下學習到很多技能的！

以上就是關於大學課外生活的介紹。大學有很多時間可以玩，這個玩可以是放學後與同學一起衝一波，也可以是玩社團。但我認為玩社團的玩，不僅僅只是玩而已，我們還必須要付出心力，做好份內工作，才能玩得盡興也玩得有意義！祝福你的大學生活能充實、也留下很好的回憶！

一群人配著消夜與零食，乘著海風，暢聊整夜。直到晨曦從雲縫中照射出的光芒，為天空鋪上一層金輝，新的一天已到來。

遊戲結束
製作人員名單

作者	Luckerly 拉課力
圖表提供	Luckerly 拉課力
審稿	新北市立板橋高中林佳玲老師（審稿篇名：〈普通高中課程簡介〉、〈快速認識學習歷程檔案！一次看懂制度和實用工具〉、〈高二班群怎麼選？社會組真的不能選？學姐高中選班群經驗告訴你〉、〈壓力很大怎麼辦？高中生的內心話：找到壓力，解決它！〉、〈一篇文看懂大學多元入學管道！〉、〈「偏科」生的福音？三分鐘帶你了解特殊選才條件與時程〉、〈繁星制度怎麼玩？三分鐘帶你認識繁星升學制度＆時程〉、〈「篩選倍率」看不懂？兩分鐘搞懂個申篩選倍率是什麼！〉）
主編	顏子甯
副編	吳維臻
遊戲與對白設計	施宜蓁
拉課力編輯群	張君祥、莊愛玲、簡愉珊、顏于甯、吳維臻、吳伊晴、顏甄瑩、李宛諭、鍾佳諭、于璨瑋、施宜蓁
執行經理	胡書瑜
特別感謝	賦能港科技股份有限公司陳朔晏執行長、104 人力銀行王榮春職涯教育長、國立中興大學附屬高級中學陳勇延校長、全國高級中等學校教育產業工會高孟琳理事長、臺北市立建國高級中學科學班同學、國立臺南藝術大學音樂學系林承億同學、國立成功大學醫學系陳如祐同學、47 雲端輔導室、拉力 POP 得獎者陳彥廷同學

LEARN 78

陪你走過高中三年：108課綱學長姐的高中破關全紀錄

作　　者—Luckerly 拉課力
圖表提供—Luckerly 拉課力
審　　稿—林佳玲老師（新北市立板橋高中）
主　　編—顏子甯
副　　編—吳維臻
遊戲與對白設計—施宜蓁
拉課力編輯群—張君祥、莊愛玲、簡愉珊、顏子甯、吳維臻、吳伊晴、顏甄瑩、
　　　　　　　李宛諭、鍾佳諭、于璨瑋、施宜蓁
執行經理—胡書瑜
製作指導—賦能港科技股份有限公司
責任編輯—陳萱宇
行銷企劃—鄭家謙
封面設計—兒日設計
美術編輯—菩薩蠻數位文化有限公司
董 事 長—趙政岷
出 版 者—時報文化出版企業股份有限公司
　　　　　108019臺北市和平西路三段二四〇號七樓
　　　　　發行專線—（〇二）二三〇六六八四二
　　　　　讀者服務專線—〇八〇〇二三一七〇五
　　　　　　　　　　　（〇二）二三〇四七一〇三
　　　　　讀者服務傳真—（〇二）二三〇四六八五八
　　　　　郵撥——九三四四七二四時報文化出版公司
　　　　　信箱——〇八九九 臺北華江橋郵局第九九信箱
時報悅讀網—http://www.readingtimes.com.tw
法律顧問—理律法律事務所 陳長文律師、李念祖律師
印刷—勁達印刷有限公司
初版一刷—二〇二四年八月九日
初版二刷—二〇二五年九月三十日
定價—新臺幣四二〇元
缺頁或破損的書，請寄回更換

時報文化出版公司成立於一九七五年，
並於一九九九年股票上櫃公開發行，於二〇〇八年脫離中時集團非屬旺中，以「尊
重智慧與創意的文化事業」為信念。

陪你走過高中三年：108課綱學長姐的高中破關全紀錄/Luckerly 拉課
力著. -- 初版. -- 臺北市：時報文化出版企業股份有限公司, 2024.08
　　面；　公分. -- (Learn；78)
　　ISBN 978-626-396-482-2(平裝)

　　1.CST: 高中生 2.CST: 學生生活 3.CST: 學習方法

524.7　　　　　　　　　　　　　　　　　　　113008877

ISBN 978-626-396-482-2
Printed in Taiwan